AF277431

DURCHHALTEN

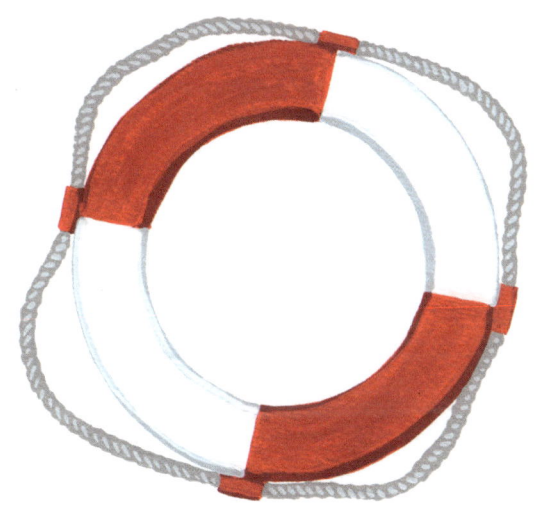

5 4 3 2 1   28 27 26 25 24

ISBN 978-3-649-67175-6
© 2024 COPPENRATH VERLAG GMBH & CO. KG,
HAFENWEG 30, 48155 MÜNSTER
ILLUSTRATIONEN: KAI WÜRBS
GRAFISCHE GESTALTUNG: TINA DEFAUX
REDAKTION: ANGELA THOMASCHIK

ALLE RECHTE VORBEHALTEN.
DER VERLAG BEHÄLT SICH AUCH DIE
NUTZUNG DES WERKES FÜR DAS TEXT- UND
DATA-MINING NACH § 44 B URHG VOR.
PRINTED IN SLOVAKIA

WWW.COPPENRATH.DE

DURCHHALTEN

100 TIPPS GEGEN WELTSCHMERZ UND ENDZEITGEFÜHLE

Herausgegeben von Kai Lüftner

Illustrationen von Kai Würbs

COPPENRATH

VORWORT

DREI RATGEBER HABE ICH IN MEINEM LEBEN GELESEN:
1. *Jetzt!* (von Eckhart Tolle)
2. *Sorge dich nicht, lebe!* (von Dale Carnegie)
3. *Das Kind in dir muss Heimat finden* (von Stefanie Stahl)

Den ersten der drei hab ich vollständig verdrängt. An den zweiten erinnere ich mich nur noch wegen des Covers – es war die Originalausgabe von 1980 mit einer extrem hässlichen Sonnenblume drauf – und beim dritten wollte ich es so sehr richtig machen, dass ich die ersten 52 Seiten immer wieder, insgesamt viermal, und den Rest irgendwann gar nicht mehr gelesen hab. Ich bin also echt ein Spezi, was Ratgeber, Lebenshilfe-Bücher und Tschakka-Bestseller angeht. Nämlich überhaupt nicht!

Und auch mit dem Wort *Durchhalten* habe ich eigentlich so meine Schwierigkeiten. Es impliziert Qual und Anstrengung. Aber manchmal geht es eben nicht anders. Da muss man durch. Weitermachen. Besonders in Zeiten wie diesen. Und weil ich zudem ein äußerst miserabler Googler bin, aber manchmal ein paar ganz passable Ideen habe, fragte ich erst ein paar Freundinnen und Freunde, wie sie das eigentlich so machen mit dem *Durchhalten* – und dann meinen Lieblingsverlag, ob er das veröffentlichen wollen würde. Er wollte.

DAS ERGEBNIS HALTEN SIE HIER IN HÄNDEN.
Kein Patentrezept, kein „So macht man das!"-Ratgeber, sondern
eine „So mache ich oder der oder die das!"-Ideensammlung.

Einige Tipps beziehen sich aufeinander, wiederholen sich
und sind mal mehr oder weniger substanziell.
Und genau so ist das gedacht. Ein Kessel Buntes.
Machen Sie daraus, was Sie wollen. Am liebsten das Beste.

Die Fertigstellung dieses kleinen Sammelsuriums war für
mich persönlich ein echtes Lehrstück im Durchhalten.

Lassen Sie uns doch mit dem letzten und für mich persönlich
wichtigsten Durchhalte-Tipp beginnen:
Fresse halten, besser machen!

In diesem Sinne viel Spaß beim Lesen

Ihr Kai Lüftner

DURCHHALTEN

Durchdenken.
Durchatmen.
Durchgang.
Durchfahrtsverbot.
Durchbruch.
Durchdringen.
Durchlassventil.
Durchfluss.
Durchführbarkeit.
Durchwachsen.
Durcheinander.
Durchkauen.
Durchboxen.
Durchblick.
Durchschnitt.
Durchfall.
Durchführungsbestimmung.
Durchdiskutieren.
Durchbeißen.
Durchdrehen.
Durchblutung.
Durchlesen.
Durchbekommen.
Zwischendurch Durst bekommen.

von Stumpen
Sänger von Knorkator,
Deutschlands meiste Band der Welt

Seien wir ehrlich: Oft ist der morgendliche Kaffee nicht mehr als das Zugeständnis an die Zivilisation. Man haut sich einfach nicht mehr mit der Keule auf die Rübe, um wach zu werden, man nimmt stattdessen Koffein. So weit, so gut.

Aber zwischen dem schnellen, zweckgebundenen **DRÜCKKANNEN-KAFFEE** und einem **ZWÖLF-EURO-LATTE** bei Starbucks liegt noch eine ganz eigene **DIY-GENUSSWELT**.

Wie meine kluge Frau in unserer kurzen Episode als Café-Besitzer einmal meinte: Man kann nicht gestresst sein, wenn man beim Backen Milch in Mehl rührt.

Dasselbe gilt für das langsame Unterheben von (Alternativ-) Milchschaum unter den cremigen Espresso, um ihn final mit ein paar Krumen Zucker-Zimt zu bestäuben.

DAS IST PURER SEELENBALSAM.

Zu diesem Tipp passt auch der nächste.

STULLE
SCHMIEREN

Nicht erst seit wir in Dänemark leben, hat die Stulle
einen besonderen Stellenwert *(um nicht zu sagen: Stullenwert)*
in meinem Leben. Aber seitdem noch mehr.

Smørebrød (Butterstulle) ist hier ein Kulturgut. Es gibt in
beinahe jedem gut sortierten Supermarkt Vitrinen voller aufs
übelste beladener Brotscheiben, statische Meisterwerke,
Krabben-Frikadellen-Remouladen-Türme, denen die Dänen
einfach nicht widerstehen können.

So extravagant brauche ich es nicht. Im Osten sozialisiert ist
für mich weniger mehr. Mir geht es um die Zutatenkonstellation
an sich, nicht um die Menge.

Etwas für den Biss, etwas für den Geschmack, etwas für den
Schlotz und alles dezent überwürzt. Das Stulleschmieren ist
eine Hommage an das Besondere im Einfachen.

Lieblingsbrot und Zutaten besorgen, zubereiten und schon kann
eine selbst geschmierte Stulle der Anker in tosender See sein.

MEINE LIEBLINGSSTULLE

ERSTENS Zwei fingerdicke Scheiben richtig gutes Mischbrot,
gerne Körner, schmatzig in der Mitte, knusprig am Rand
ZWEITENS Eine Scheibe mit Chilimayo bestreichen
und die andere mit Senf, nicht zu knapp
DRITTENS Dazwischen: Emmentaler, saure Gurken, Salatblätter,
getrocknete Tomaten in Öl, Röstzwiebeln, Chiliflocken,
Eier von den eigenen Hühnern, gekocht, in Scheiben geschnitten)
Wichtig ist die Mischung aus Biss und Konsistenz, es muss
schlotzig und knackig sein, saftig und zum richtigen Kauen …

SO. ICH SCHMIER MIR JETZT EINE!

REINER
EICHELE

Reiner Eichele sollte durchhalten.

Das hatte seine Mutter ihm gesagt. Als ihn die anderen Jungen im Kindergarten auslachten, weil er gern in der Puppenecke bei den Mädchen spielte. Welche ebenfalls lachten.

Bald würde es in die Schule gehen, er solle nur durchhalten.

In der Schule hänselten ihn die Kinder weiterhin. Diesmal wegen seines Nachnamens oder seines prägnanten Muttermals neben der rechten Augenbraue. Oder irgendetwas anderem.

Seine Mutter meinte, er solle durchhalten.

Reiner hielt durch.

Während der Lehre zum Gas- und Wasserinstallateur hatte der Meister ihn auf dem Kieker und ließ ihn all die Scheißarbeit machen, die sonst niemand machen wollte.

Reiners Mutter meinte, er solle durchhalten.

Reiner fing in der Firma seines Vaters an, dem er wenig recht machen konnte. Mutter meinte: Durchhalten, Junge!

Sein Vater starb, Reiner übernahm die Firma.

Es kamen schlechte Zeiten und Pandemie und Lockdown.

Durchhalten solle er, sagte seine Mutter.

Reiner fand eine Frau und heiratete. Die hob all sein Geld ab und verschwand damit. Die würde wiederkommen, sagte seine Mutter.

Spätestens wenn das Geld alle sei. Er solle bloß durchhalten.

Reiner war vor vielleicht fünf Minuten aufgewacht und
befühlte zum dritten Mal die Holzwände um ihn herum.
Er war sich nun sicher, er lag in einem Sarg. Irgendjemandem
musste ein grober Fehler passiert sein.
Was seinen Tod betraf.
Er atmete seufzend aus und steckte die Hände
in die Hosentaschen.
War doch recht kühl hier.
Reiner schloss die Augen und dachte an seine Mutter.
Er entschied, er würde durchhalten.

von Marco Göllner
Schreibender Hörer, Tausendsassa und Tore-Bauer

LASS DICH ANLÄCHELN

Manchmal scheint mir die Sonne ins Gesicht und ich spüre im Innersten: Heute ist ein guter Tag. Manchmal rempelt mich jemand an oder drängelt sich vor und mein Zutrauen in die Mitmenschen wird in Zehntelsekunden pulverisiert, so als hätte ich noch nie Glück empfunden. Plötzlich mutieren die Mitmenschen zu unerträglichen und gefahrbringenden Wesen. Meine Haare sehen dann aus, als hätte ich sie noch nie gekämmt, und mein Selbstbewusstsein versinkt im Orkus. Lächelt mich dann jemand an oder sagt was Nettes, geht's mir gleich wieder gut und meine Seele klappt sich aus. Die Frisur sitzt und das Selbstbewusstsein grüßt mich – lebhaft winkend – von der Kellertreppe. Ich glaube, in diesen Zeiten muss man einfach aufpassen, dass man innerlich nicht zu sehr verkühlt.

von Claudia Maria Melisch
Archäologin, Autorin, unterirdisch Aktive

DAS MEISTE FÄLLT DANEBEN

Wenn du mal wieder einen Scheißtag hattest,
alles um dich herum anscheinend gegen dich ist …,
draußen wie auch drinnen die Wolken den Himmel verdunkeln
und der Regen anscheinend nur für dich bestimmt sein soll,
dann stell dich in die Mitte einer großen Wiese, auf einen
Parkplatz oder ein Fußballfeld, und sieh dich um.
Das meiste fällt daneben!
Die paar Regentropfen, die einen im Vergleich zum Rest der Welt
treffen, trocknen blitzschnell von allein …,
oder man schüttelt sich kräftig und das Leben geht weiter.

von Max Blume
Outdoor-Spezialist, YouTuber, Camouflage-Philosoph

EIN MANTRA

Ich hab ein Mantra. Es hat mich gefunden, nachdem ich mich intensiver mit meinen Unzulänglichkeiten und strukturellen Handlungsmustern beschäftigt habe. Einige meiner Wesenszüge sind diskussionswürdig und wurden so lästig, dass ich das immer größer werdende Bedürfnis empfand, sie mal unter die Lupe zu nehmen.

Unzufriedenheit, negative Gedanken, Wankelmut, Neid oder Minderwertigkeitskomplexe, um nur ein paar zu nennen. Sie setzten mir immer wieder zu.

Ich überlegte, wie ich etwas ändern könnte, und einigte mich mit meinem inneren Saboteur der Einfachheit halber auf drei Tools:

ERSTENS Ruhe

ZWEITENS Vertrauen

DRITTENS Gelassenheit

Für Ruhe kann ich selber aktiv sorgen. Ruhe ist für mich elementar, besonders wenn die Welt um mich herum so laut ist. Vertrauen ist etwas, das mir oft abgeht. Meistens vertraue ich nicht einmal mir selbst oder meinen Gefühlen. Dem aber nachzuspüren und Vertrauen zuzulassen, halte ich für äußerst erstrebenswert. Es bedeutet bereits, ab und an „Das wird schon!" zu denken.

Gelassenheit wäre der dritte Punkt. Das, worauf ich es gern hinauslaufen lassen würde. Sich in seinem richtigen Tempo durch das Leben zu bewegen. Bei sich zu bleiben, wenn es um einen herum knallt und man normalerweise die Fassung verliert.

RUHE, VERTRAUEN, GELASSENHEIT...

Um es greifbarer zu kriegen und mir besser merken zu können, hab ich es in drei kleine, sich reimende Sätze manifestiert, die man mantramäßig wiederholen kann:

**ALLES VERÄNDERT SICH MIT DER ZEIT –
RUHE, VERTRAUEN, GELASSENHEIT!
SCHRITT FÜR SCHRITT, NICHT ZU SCHNELL, NICHT ZU WEIT –
RUHE, VERTRAUEN, GELASSENHEIT!
ES KOMMT, WIE ES KOMMT, ICH BIN BEREIT –
RUHE, VERTRAUEN, GELASSENHEIT!**

> *Wenn du was damit anfangen kannst, fühl dich eingeladen, eine der Formulierungen als Mantra zu übernehmen. Hast du andere Baustellen oder Präferenzen, finde dein eigenes Mantra.*

HUNDERUNDE –
TAKE A BREAK!

Manchmal dreh ich mit dem Hunde
wirklich gerne eine Runde.
Das Gefühl dabei profunde.
Mindestens ne halbe Stunde.

Denn es tut dem Tier nicht nur
gut, zu sein in der Natur.
Auch das Menschenhirn entspannt,
im Wald, im Park oder am Strand.

Einer kackt, der andre denkt,
oder andersrum – geschenkt.
Jedenfalls empfehl ich klar,
Hunderunde, wunderbar.

Man kann sagen, so im Grund,
geht das auch ganz ohne Hund.

ANDERE ANLÄCHELN

Weil ich selbst so krass auf Freundlichkeit reagiere, scheint es mir eine Frage der Fairness zu sein, mich meinen Mitmenschen gegenüber so zu verhalten, wie ich selbst gern behandelt werden würde. Einer muss damit anfangen, also probiere ich es einfach aus! Ich sage einer Passantin, dass ich ihre Ohrringe schön finde (stimmt auch), und lächle den Security im Supermarkt an, obwohl ich mir dabei ziemlich bescheuert vorkomme. Die Frau freut sich voll, der Security reagiert vorsichtshalber gar nicht. Das werte ich als fünfzigprozentigen Erfolg und werde meine Statistik nicht durch weitere Versuche kaputt machen. Am coolsten funktioniert das Freundlichkeitsexperiment bei mir mit Babys in den städtischen Öffis, weil alle Erwachsenen da ohnehin grundgenervt sind.
Wenn die Babys plötzlich im Bus oder in der Straßenbahn zu lächeln anfangen, dann strahlen auch ihre Parenten und es ist plötzlich so, als ob für eine Winzigkeit die Sonne aufgegangen ist.

von Claudia Maria Melisch
Archäologin, Autorin, unterirdisch Aktive

TIERE STREICHELN

Man kann nicht unglücklich sein, wenn man Katzenbabys beim Spielen zuschaut. Diese goldene Social-Media-Regel habe ich mir gemerkt – und überprüfe sie regelmäßig auf ihren Wahrheitsgehalt. Nun ist es – selbst auf unserem großen Hof – unmöglich, permanent Katzenbabys verfügbar zu haben (vor allem, wenn man sich von Facebook & Co. fernhält), aber am Ende tun es auch die ausgewachsenen Exemplare. Ich gebe zu, manchmal nerven sie – vor allem, wenn sie „Wilde Sau am frühen Morgen" oder mit Gegenständen spielen, die nicht dafür gedacht sind, aber hey … wäre das Leben perfekt, stünde es in einer Rosamunde Pilcher-Schmonzette. Manchmal also ist es der aktivere Part des Austauschs zwischen Mensch und Tier. Wir haben aktuell drei Katzen/Kater. Sie genießen unterschiedliche Zuneigungsdimensionen.

Besonders der eine ist die ultimative Schmusemaschine.

Ein Wahnsinn, mit welcher Hingabe er sich hochnehmen, auf den Rücken drehen, küssen, streicheln, knuddeln lässt. Es ist fast erschreckend, wie sehr das in schlechten Momenten hilft. Selbst wenn es nicht darum geht, Tränen der Verzweiflung an seinem muschelweichen Fell zu trocknen – es genügt schon die kleine Zwischendurch-Knuddelei. Ein echter Game-Changer. Einfach, weil man es getan, sich die Zeit dafür genommen hat.Und irgendwann ist es selbst der Schmuse-Maschine zu viel …

Btw: Das funktioniert auch ganz hervorragend mit Hunden, Hasen, Pferden, Meerschweinchen und – unfassbar beglückend – Entenküken. Mit Fischen und Grillen nicht ganz so, aber hey, Versuch macht klug.

DIE WELT WILL MIR NICHTS BÖSES –
EIN MANTRA

**Ich halte den Begriff „Durchhalten" für etwas schwierig.
Er suggeriert mir unterschwellig, dass etwas durch Kampf
passieren muss. Jemand oder etwas ist gegen mich:
Ich muss durchhalten.**

Am Arbeitsplatz, auf dem Weg zur Uni oder in den Schützengräben
des Alltags. Ich denke, wir sollten weniger kämpfen und mehr vertrauen. Die Situationen annehmen, freudig oder schmerzvoll.
Das heißt nicht, dass wir alles tolerieren müssen. Doch warum sofort
reagieren? Eine Nacht drüber zu schlafen, abwarten zu können, einen
Moment still zu sein, öffnet neue Türen und zieht uns aus unseren
Reaktionsmustern. Durch Geduld und Akzeptanz entsteht ein inneres
Reifen. Wer möchte schon gern Sklave seiner selbst sein, überwältigt
von den eigenen Gefühlen und Triebhaftigkeiten. So brüllen, schla-
gen, schreien, heulen wir und füttern unbewusst unser eigenes Drama
mit Wut, Verzweiflung und Hass. Aber alles, was wir glauben, kann
nie die Wirklichkeit sein, sondern nur ein Ausschnitt, bunt eingefärbt
von eigenen Annahmen und Denkmustern.Mein Vorschlag ist, fünf
Minuten pro Tag mit einer wildfremden Person zu sprechen, dass

kann den Horizont erweitern. Die Andere oder der Andere ist auch nur ein Mensch, der probiert, auf dem Planeten klarzukommen mit einer Vergangenheit und eigenem Schmerz. Und mit positiven und negativen Tendenzen. **DARTH VADER ODER YODA?** Welche Bereiche möchtest du an dir fördern? Geh mal in Vorkasse, sei großzügig, zeige ein Lächeln, wo keiner lacht. Gib der Bäckerin ein Kompliment, hilf der Oma über die Straße, muntere einen Freund auf, lass dem Drängler die Vorfahrt und frage nicht nach dem Cashback.

„DIE WELT WILL MIR NICHTS BÖSES" halte ich für ein wichtiges Mantra, denn der Film des Lebens entsteht im Kopf. Und unsere schlimmsten Befürchtungen treten zumeist nicht ein. In meinem Leben waren gerade die schweren Zeiten der beste Lehrmeister. Er gab mir die Möglichkeit, zu wachsen und die Komfortzone zu verlassen. *(Ich habe es bloß nicht immer gleich erkannt.)* Sind wir denn wirklich frei im Handeln und Denken? Ich finde, wir sollten diesen Zusammenhang hinterfragen, ansonsten besteht die Gefahr, die eigenen Glaubenskonzepte als einzig wahr zu benennen und alles andere als falsch zu negieren. Der Anfang von Ideologie und Fanatismus. Was mir hilft, ist das Lesen von Büchern, wie die heiligen Schriften: Bibel, Bhagavad Gita, Meister Eckart, Johannes vom Kreuz. Und ich nehme mir mehr Zeit bei all den Dingen des Alltags und sage auch einfach mal ab. Das schafft Raum. Täglich sein Handeln zu prüfen, heißt wachsam zu sein und sich seiner Aktionen bewusst zu werden. Keine leichte Aufgabe. Doch am Abend lasse ich meistens den Tag nochmal Revue passieren und überlege, wo ich vielleicht achtsamer hätte sein können. Jesus ist vierzig Tage in die Wüste gegangen. Durch den Versuch des Auflösens des eigenen Egos, der Triebe und Leidenschaften, ist ein größerer Abstand zu mir selbst und damit ein freieres Leben möglich, wobei auch ein liebevollerer Umgang mit der Gemeinschaft entstehen kann. Genau deshalb halte ich Meditation für wichtig: raus aus den Reaktionsmustern. Tun durch Nichtstun. Alles im Prozess – ein Leben lang. **DIE WELT WILL DIR NICHTS BÖSES**

von Romano
Musiker, Entertainer

GUTE LAUNE

Ein Sprichwort sagt ja „Lachen ist gesund".
Ich habe zwei Söhne, wobei einer von beiden morgens immer
freudestrahlend und mit äußerst guter Laune aufwacht.
Teile unserer Familie finden das sehr befremdlich, aber auch
bemerkenswert. Auch ich gehöre eher zu der Sorte
„Morgenmuffel". Irgendwann habe ich ihn mal gefragt, wie er das
macht. Darauf hat er mir, ohne zu überlegen, geantwortet:
„Mama, ich habe nicht jeden Tag sofort gute Laune.
Aber wenn ich beim Aufstehen merke, ich bin nicht ganz so gut
drauf, dann kneife ich mir einfach ein Lächeln ins Gesicht.
Und so geht es mir gleich besser." Diesen kleinen Tipp trage ich
seitdem im Herzen bei mir. Okay, ich kneife nicht, aber einmal
ganz bewusst für einen längeren Moment lächeln und es geht mir
gleich besser. Und gern auch dabei andere Leute anlächeln,
auch das wirkt beim Gegenüber wie ein kleines Wunder.

von Kerstin Grünert
Kindermarken-Expertin, Familienmensch, Gartenliebhaberin

Macht man viel zu selten. Weil man jemanden dazu braucht, dem es im selben Moment ebenfalls so gehen müsste: Lust oder Weltschmerz oder … und weil man immer meint, es sei, wenn man nicht gerade frisch verliebt ist, maximal im Zuge von Sex angebracht.
Knutschen ist der heilige Gral gegen Weltschmerz. Man sollte es viel öfter tun. Wie vielen Menschen würde es besser gehen, wenn sie es täten? Frag doch mal rum, ob jemand Bock hat.

Das bringt uns gleich zum nächsten Tipp.

ÜBERRASCHEND
EINE FREUDE MACHEN.

Nein, ich empfehle hier gerade nicht, jemanden ungefragt zu knutschen. Aber ich möchte ein Plädoyer für den Impact halten, den es hat, wenn man Freude verbreitet.
Ich liebe es, meinen Kindern ungefragt ihre Lieblingssüßigkeit hinzustellen oder meiner Frau einen Zettel mit Herzchen in die Tasche zu packen.
Und einen Schritt weiter gedacht ist es noch viel intensiver, wenn man das für einen Fremden macht.

> *Vertraut mir, es bringt nicht nur die legendären Karma-Punkte, es hilft auch gegen das eigene Schlechtfühlen.*

LOSLAUFEN.

Ich bestimme, wer ich sein will. Ob ich eine Getriebene bin,
die darauf wartet, dass die Welt auf sie zukommt und die alles
Negative als Perlen auf eine triste Lebenskette fädelt, oder ob ich
eigenständig bestimme, ob ein Tag gut oder schlecht in die Bücher
eingeht. Ich weiß, dass es immer Licht im Dunkeln gibt, aber man
muss dem Hellen auch vertrauen können. Schlechte Tage nehme
ich als selbstverständlich an, weil sie mir helfen, die guten Tage
fühlen und genießen zu können. Aber hey – ich bin Sternzeichen
Zwilling und somit zur Euphorie verdammt.

LÄCHELN UND WINKEN, MÄNNER!

Kennst du diesen Spruch? Für mich ist er zum Inbegriff dafür geworden, dass ich nicht für alles und jeden verantwortlich bin. Muss man hier Filmwerbung kenntlich machen? Frage für eine Freundin … Jedenfalls stammt er aus einer Szene im Film „Madagaskar". Die große Abreise ist geplant ist und die Pinguine wissen genau, dass diese nicht wie gedacht funktionieren wird. Wie auch ohne Sprit? Aber der selbstverliebte Lemurenkönig King Julien denkt in seiner Selbstüberschätzung überhaupt nicht daran, das Gelingen des Plans infrage zu stellen. Da es in diesem Fall sinnlos ist, etwas ändern zu wollen, schauen sich die Pinguine das Spektakel gelassen an. Einfach lächeln und winken …

Es haut mich immer wieder aus den Socken, wie egoistisch, narzisstisch, manipulativ, hochnäsig und verletzend Menschen sein können. Früher habe ich mir aus Unsicherheit jeden Schuh angezogen und viel kostbare Energie investiert, um Dinge richtig- oder klarzustellen. Bin Gespräche oder Korrespondenzen wieder und wieder durchgegangen und habe verzweifelt versucht, logische oder im Idealfall sogar nachvollziehbare Erklärungen zu finden. Natürlich hatte das auch mit meiner persönlichen Angstkarriere und eigenen Mustern und Prägungen zu tun. Btw, es tat unheimlich gut, diese zu erkennen und liebevoll zu korrigieren, absolute Empfehlung. Aber zurück zum Punkt: Mit dem Alter, der Weisheit (jaja …) und der inneren Ruhe kam jedenfalls endlich die Gewissheit, dass ich genau das nicht muss. Ich muss meine kostbare Lebenszeit nicht mit Energieräubern oder wertfreien Menschen verbringen, deren Lebensmotto es zu sein scheint „Nach mir die Sintflut." Wenn mir jetzt jemand komisch kommt, mich und/oder andere (und damit meine ich alles Leben auf diesem Planeten und darüber hinaus) nicht akzeptiert oder respektvoll behandelt, hallt dieser Spruch in mir nach und ich verabschiede mich. Ich lächle dabei, zumindest innerlich, aber meist auch wirklich, und denke mir zuversichtlich: „Lächeln und winken, Männer. Karma regelt das schon!"

von Chris Gust
Künstlerin, Autorin, Soul.care.coachin, Mental-Health-Aktivistin,
Vollherzmama³, Mensch

AUS DEM
FENSTER
GUCKEN

Ich weiß ja nicht, was Sie damit assoziieren …
Für mich war es immer die Omi auf dem gehäkelten Kissen,
die mit ungetrübtem Blick ihre Umgebung scannt. Übrigens stammt
angeblich daher auch das Sprichwort: **WEG VOM FENSTER!** Wenn
genau diese Omis irgendwann verstarben. *(Wahnsinn, was Ihnen hier
alles geboten wird!)* Jedenfalls habe ich dieses Vorurteil an jenem Tag
über Bord geworfen, als ich mich selbst dabei ertappte, wie ich sogar
mit Fernglas im Anschlag bestimmt eine halbe Stunde lang die Hühner
beobachtet habe. Sie hatten sich vor meinem Arbeitszimmer zu einem
lustigen Pflock versammelt und stritten sich um einen viel zu großen
Kanten Brot, der vom Regen aufgeweicht war.
Ich genoss das, ohne es zu merken.
Und ich ließ von diesem Zeitpunkt an immer wieder meinen Blick
vorbei am Monitor, zum Fenster hinaus schweifen.
In die Ferne. Auf konkrete Ereignisse in dieser an konkreten
Ereignissen sehr armen Umgebung. Aber es tut meinen Augen gut.
Und meinem Hirn.
Und ich bin mir sicher, dass es ein guter Durchhaltetipp ist.
Denn er ist ein bisschen verwandt mit dem Tipp "nichts tun",
nur aktiver.
Ach egal, Sie wissen, was ich meine.
Wenn nicht, probieren Sie es!

RAUS
IN DIE NATUR

Wenn gar nichts mehr geht, gehe ich in den Wald. Allein.
Ich nehme tieeeeefe Atemzüge, komme zu mir, fühle, was es
zu fühlen gibt, weine, schreie, tobe, wälze mich im Gras
(*manchmal auch nackt*) ... lasse einfach alles raus. Die Natur
(be)wertet (mich) nicht. Sie erinnert mich daran, dass das Leben
zyklisch ist und es Licht und Schatten, Leben und Sterben gibt.
Nichts davon ist besser oder schlechter. Es ist einfach, was es
ist. Wenn ich an diesen Punkt komme, kehrt sehr oft Demut und
Dankbarkeit ein für mein Leben und alles, was ich habe. Wenn
nicht, dann gehe ich nach Hause und esse ne Tafel Schokolade.

von Anita Neumann
Coach, Mentorin und Wegbegleiterin für gelebte und
verkörperte Weiblichkeit, Ritualarbeit und Retreats

AUF DEN FRIEDHOF GEHEN

Manchmal reitet es mich. Dann habe ich den nicht zu unterdrückenden Impuls, zwischen Grabsteinen lang zu laufen und zu spüren, wie sehr ich lebe. Ich lese die Inschriften, suche mich inspirierende Blickwinkel und Fotomotive, genieße die Ruhe.

Da ist weniger morbides Grundgen enthalten, als Sie eventuell annehmen mögen. Es ist sogar eher das Gegenteil. Es führt mir zwar die Vergänglichkeit vor Augen, aber ohne einen Hauch von Todessehnsucht, sondern eher mit einer Lust an der Ästhetik dieser Orte. Sie sind oft so lebendig. So sortiert und doch eigentümlich verworren. Es ist wie ein Stück Hogwarts ohne dieses alberne Gleis Neundreiviertel.

Mein kleiner Sohn findet Kirchen – und eben die sie oft umgebenden Friedhöfe – ebenfalls spannend. Aber ohne Angst oder Befindlichkeit, sondern mit einer Form von Neugier, die mich fasziniert.

Ich mag diese Art von Denke dahinter. Nicht das Was, sondern das Wie. Und wenn man dann alles neu überblickt – im Kampfsport sagt man Meidebewegung, wenn man aus einem intensiven Nahkampf einen Schritt herausmacht und es schafft, einen Überblick über das Geschehen zu bekommen –, oder in die Peripherie der Bedeutungslosigkeit gerückt wurde, dann hat man wieder ein Stück durchgehalten.

Vielleicht täusche ich mich auch – und bin im Grunde meines teigigen Herzens einfach nur ein Vampir.

EISBADEN

Na gut, das ist ein sehr spezieller Tipp. Mindestens die Hälfte
der Menschen habe ich bei diesem Wort bereits
verloren, ich weiß. Die andere Hälfte teilt sich dann sicherlich
nochmal in „Ja, könnte man mal irgendwann!" und in
„Hab ich längst! Und?"
Ich will nicht versuchen, Sie alle abzuholen, sondern erhoffe
mir, sollten sie zur zweiten Hälfte der zweiten Hälfte
zählen, Ihnen „das Gefühl danach" in Erinnerung zu rufen.
Dieses Gefühl, das nach der eigentlichen Kälte kommt.
Die innerliche Erfrischung. Als wäre der Geist mit Quellwasser
gespült worden und hätte selbst krudeste und negativste
Gedanken an die entsprechenden Stellen sortiert. Eingeordnet.
Denn das ist es, was bleibt. Sich der Kälte zu stellen, ist eigentlich
eher ein Hingeben. Ich habe das mehr oder weniger fest in
mein Leben integriert und ganz ehrlich: Wenn es mir am
dreckigsten geht, wirkt es am besten. Selten stresst mich das
(Salz-)Wasser, eigentlich sind es die Elemente drumherum –
Wind, Regen, Gischt! Natur eben.
Das Gefühl, mich ins eiskalte Meer zu werfen, ist wie eine
Vereinigung mit der Ursuppe. Ein Bad in Tränen, die ich dann
nicht mehr heulen muss. Eisbaden ausdrückliche Empfehlung!

KAJAK FAHREN

Ich habe das Kajakfahren erst vor kurzem für mich entdeckt. Ein paar kleine, spontane Runden aus dem einen oder anderen Hafenbecken heraus, ein paar Kilometer die Küste meiner Insel entlang. Schnell war klar, das ist was für mich. Einen Anfängerkurs und einen Schwedenurlaub auf dem Fluss Tidan später war ich infiziert. Unfassbar, wie poetisch so ein Freizeitsport sein kann! Treiben lassen ... gegen die Strömung paddeln ... ganz unmittelbar und teilweise nur durch die richtige Kleidung geschützt den Gegebenheiten ausgesetzt zu sein ... so zwischen den Elementen ... im Vertrauen auf sich und seine Kräfte und Fähigkeiten ... überwinden, weitermachen und wieder treiben lassen.

Kajak fahren ist so archaisch und so verbindend. Selten hatte ich freiere Gedanken und formten sich meine Bedürfnisse auf der Ruhe des Wassers und unter der Weite des Himmels klarer.

Und ja, Kajakfahren ist viel mehr als Durchhalten. Aber eben auch. Glasklare Empfehlung gegen Gewitterwolken im Kopf und Nebel ums Herz ...

IN DIE PILZE GEHEN

In diesem Jahr hat mir das Pilzesammeln geholfen, um runterzukommen und schwere Gedanken zu vertreiben. Pilzesuchen ist für mich Meditation und Konzentration zugleich. Der Blick streift aufmerksam über den Waldboden, um kein Exemplar zu übersehen. Die Pilze geben den Weg vor. Das Knacken unter den Füßen und das Rauschen der Blätter sind beruhigend, die gezielte Suche lenkt mich von meinen Sorgen ab. Im Wald bin ich Teil von etwas Größerem, das ich nicht greifen kann und das mich erdet. Jetzt ist die Saison leider vorbei, in den Wald gehe ich aber weiterhin!

von Julia Gommel-Baharov
Lektorin, Programmleiterin, Pilzsammlerin

SONDELN

Menschen, die mich besser kennen, wissen, dass ich seit über 20 Jahren ein in ihren Augen vielleicht etwas ausgefallenes Hobby betreibe, semiprofessionell mittlerweile und mit einer auch nach dieser langen Zeit nicht nachlassenden Hingabe: sondeln. Oder offizieller: Metalldetektoren-Suche.

Alles begann ungefähr 2000, als ein befreundeter Archäologe (*der damals Sänger in einer Deathmetal-Band war und noch immer ist*) mir seinen vom Amt gestellten Detektor zeigte. Ein Profiteil für damalige Verhältnisse, das heute im Baumarkt für ein paar Kröten verramscht wird. Die Liebe seitdem ungebrochen war erwacht.

Ich hatte Phasen, da lief ich, mittelmäßig ausgerüstet, gesetzlich null versiert, aber getrieben von einer unbändigen Lust auf diese kleine Brise Abenteuer-Feeling, durch die Wälder und über die Felder des Berliner Umlandes. Auf jeder späteren Lesereise hatte ich einen Detektor im Leihwagen und nutzte jede Chance, mich auf die Suche zu begeben.

Im Laufe der Jahre wurde meine Ausrüstung immer besser, ich fand sogar einen Sponsor, da ich ein bisschen mit YouTube rummachte und für TV-Formate gecastet wurde, in denen ich dann stolz die „zur Verfügung gestellten" Neuheiten in die Kamera hielt. Und natürlich die im besten Falle gemachten Funde.

Sondeln wurde sowas wie mein Yoga, sowas wie meine Meditation, sowas wie meine kleine Me-Time ... Ja, und eine Art Sucht. Denn teilweise war ich kaum noch in der Lage, an etwas anderes zu denken.

Es hatte sowas Poetisches. Man begibt sich auf die Suche, man weiß nicht, was man findet. Bekommt man ein Signal, muss man etwas bergen, und ist es dann etwas Besonderes, auch bestimmen und später konservieren ...

Jetzt, viele Jahre später hat sich auch durch unser Auswandern meine Gier nach der Suche gewandelt. Ich geiere nicht mehr jedem freien Feld nach oder vermute an jeder verwunschenen Ecke im Wald einen Hortfund. Mein Blick auf die Natur ist ein anderer geworden.

Eine meiner ersten Amtshandlungen auf Bornholm war, hier in den Amateur-Archäologen-Club meiner Insel einzutreten und dadurch regelmäßig in den Genuss gemeinsamer Suchen zu kommen. Auf Plätzen und an Orten, von denen ich nicht zu träumen gewagt hätte. In den letzten Jahren habe ich mehr historische (*und ja, auch GOLDENE*) Funde gemacht, als in zwanzig Jahren zuvor.

Ich habe mittlerweile einen kleinen überschaubaren Kreis von Freunden, die ich alle mehr oder weniger das erste Mal mit auf Touren genommen habe und mit denen ich mich in regelmäßigem Austausch befinde ...

Sie merken schon, ich schwelge und schweife ab. Denn ja, dieses Thema catcht mich immer wieder und immer noch. Auch wenn meine Touren seltener, dafür aber fundierter geworden sind.

Ich kann Ihnen nur empfehlen, unabhängig davon, ob Sie sich für Archäologie oder Geschichte interessieren: Machen Sie das mal.

Die Regeln und Gesetze sind im Netz erlesbar. Ich bitte Sie von Herzen, sich daran zu halten, aber es lohnt sich, denn das sich daraus ergebende kleine Abenteuer ist es allemal wert.

> *Mein Tipp: Lass dich unbedingt von etwas so sehr faszinieren, dass es dich nicht mehr loslässt!* ☺

IM REGEN RAUSGEHEN

Seien Sie ehrlich, wann haben Sie das letzte Mal im Regen gestanden – in schützenden Klamotten oder nackig und vollständig nass – und sich darüber gefreut? Was soll ich sagen? Bei mir ist es knapp vier Monate her.

Da sind mein fünfjähriger Sohn und ich an einem lauen, aber verregneten Oktobertag nackig über die Wiese gerannt und haben gesungen, geschrien und uns am Ende sogar gesuhlt.

Meine Fresse, das war so ungefähr das Schönste, was ich seit Langem gemacht habe. Create Moments oder so.

Ich würde es jederzeit wieder tun. Es war währenddessen alles andere als Durchhalten, dieses Gefühl kam erst im Nachgang.

Wie eine kleine unerwartete Belohnung. Das Plus am Ende.

Als hätte man doch noch einen Bonbon am Boden der leer geglaubten Tüte entdeckt.

Diese Momente sind eine Hommage an das Leben.

Ein kleines großes Glück, so pur wie kein Jochen-Schweizer-Erlebnis-Gutschein sein könnte.

Wobei, das kann ich ehrlich gesagt nicht beurteilen.

Aber ein Rat an dieser Stelle: Tun Sie es. So bald oder so häufig wie möglich!

Selbst wenn es nicht regnet.

SAUNA

Auch dieser Tipp wird wieder relativ kurz.
Was soll man auch groß beschreiben, wenn die Antwort bereits
der Titel ist. Sauna, meine Damen und Herren.
Schwitzen, abkühlen, chillen …
Das ist sowas von Quality-Time. Ich liebe es, auch ganz
unabhängig von dem angeblich gesundheits- und/oder
durchblutungsfördernden Effekt.
Es ist einfach die kleine Auszeit im Alltag.
Außerdem geht es hier ganz konkret darum:
Wie lange halten Sie durch?

STEINE
SCHICHTEN

Ja, Sie haben es erfasst nun ist wirklich alles zu spät: Der Lüftner ist durch.

Von mir aus. Aber das war auch schon vor diesem Tipp so. Ich habe mich – stets getrieben und mit dem Fuß auf dem Gaspedal, unfähig runterzufahren und mal „alle viere grade sein zu lassen" – irgendwann dabei ertappt, dass ich am Strand neben meinem kleinen Sohn saß und Türmchen aus Stein gebaut habe. Die Zunge zwischen den Lippen und in einem Maße fokussiert, wie ich es sonst nur mit einsacht im Helm beim Versuch, mich nicht anzupinkeln, gewohnt war.

Ich hatte vor Jahren mal ein paar Videos gesehen, in denen ein Japaner wahre Turmwunder, meterhoch, aus eigentlich unmöglich stapelbaren Steinen gebaut hatte. Zusammengeschnitten auf ein paar Minuten, wohl aber das Ergebnis tagelanger konzentrierter Arbeit. Ich war fasziniert, kam aber selber nie über vier, fünf flache Steinchen hinaus. Das wurde nach einigen Strandbesuchen anders. Die Türmchen wurden Türme. Nicht solche Monumentalbauten wie die des besagten Japaners, aber schon beachtlich.

Was dabei passierte, was eine Leere in meinem Kopf-Karussell, wie ich sie bis dahin selten erlebt hatte. Mein ganzes Tun galt dem nächsten Klötzchen, dem Schichten, dem Tarieren und Balancieren. Und welch ein Stolz, wenn ein letzter Stein das Werk vollendete. Seltsam bei mir und gefestigt, erholt sogar, verließ ich den Strand. Um ein ums andere Mal festzustellen, dass ich meinen Sohn beinahe vergessen hätte! Durchhalten!

URLAUB
AUF DER METAEBENE

versuch einer rede
an mein himmlisches gegenstück

gib mir und meinem leben
die struktur zurück

die es nie gab
die es nie gab

ich lebe zwischen den zeilen
wiederkäue gedanken
die nicht meine sind

das ist meine welt

ich bin von kopf bis fuß
anders eingestellt

ich mache urlaub
auf der metaebene

ewig lang
nur wir zwei
ich und ich

so lässt sich's leben

immer mittendrin
und doch

daneben

wenn ich zurück bin

erwart' ich eine antwort
ich erwarte eine antwort

von Markus Langer
ehemals Oetinger Media, jetzt CEO bei Tonies

YOGA

Der Wecker klingelt, ich stehe auf. Der Gang ins Wohnzimmer durch den dunklen Flur hilft mir, meine Augen langsam an die Umgebung zu gewöhnen. Eigentlich schlafe ich noch. Ich klappe den Laptop auf, rolle die Matte aus, drücke den Knopf, das Video startet.

„Komme an den Anfang der Matte, schließe deine Augen, atme tief ein und wieder aus!" Zwölf Minuten Sonnengruß. Die Sonne geht dabei leider heute noch nicht auf, aber vielleicht schon in ein paar Wochen, wenn der Frühling sich ankündigt. Die Bewegungen sind routiniert und trotzdem stolpere ich an manchen Stellen. Das ärgert mich. Ich bin abgelenkt. Die Gedanken rasen durch meinen Kopf, ich gehe erste To-do-Listen durch. Konzentriere dich, dich nicht zu konzentrieren. Ich ermahne mich selbst. „Einatmen und zurück in den Yoga-Liegestütz!" Herrlich, ich spüre meinen Körper und bilde mir ein, bald keine Rückenschmerzen mehr zu haben. Dabei blinzle ich rüber zur Uhr. Noch gute drei Minuten. Zurück auf die Matte, bleib dran! Und dann soll ich schon wieder die Augen schließen. Mist. Ich war zu abgelenkt. Ich werde aufgefordert, mich bei mir selbst zu bedanken. Naja, ich könnte netter zu mir sein. Aber das scheint ein härteres Training zu sein als die körperliche Abfolge von Bewegungen. Ich rolle die Matte schnell wieder ein – der Tag startet.
Die Routine am Morgen habe ich vor Wochen angefangen, nachdem ich mir gute dreißig Silvester lang vorgenommen hatte, regelmäßig Sport zu machen. Ich bin dreißigmal gescheitert. Aber nicht unglücklich. Eher erstaunt, wie inkonsequent ich mit mir selbst um-

gehe. Konsequenz ist eines meiner Lieblingsworte und scheitert an mir selbst am meisten. Zumindest sportlich gesehen. Aber nachdem mir viele Jahre prognostiziert wurde, dass auch ich irgendwann regelmäßig Sport machen muss und mich mein Körper mittlerweile förmlich anschreit, musste ich aufgeben. Falsch, ich musste anfangen. Als Erstes galt es, eine Uhrzeit zu finden, die keine Ausreden toleriert, außer meiner eigenen Faulheit. Mit Pausen am Wochenende. Okay, sechs Uhr macht echt keinen Spaß, aber nachmittags zwischen Kindern, Hausaufgaben und Calls? Ich sah das Scheitern Nummer einunddreißig bereits vor mir. Als Zweites musste ich etwas finden, was mich nur kurz fordert. Zwölf Minuten klingen so albern. Finde ich. Vor allem, wenn ich dann meine ganzen sportlichen Freunde am liebsten noch öffentlich auf Social Media fröhlich schwitzend und so beeindruckend routiniert durch Berlin rennen sehe. Zwölf Minuten Me-Time. Ich kann das Wort nicht leiden. Egal. **KOMM SCHON, DAS SCHAFFST DU!**

Letztens wollte mein Mann mitmachen. „Das können wir doch auch zusammen machen, oder?" Ja. Könnten wir, oder auch nicht. Dachte ich. Wieso will ich das nicht teilen, fragte ich mich später. Und da war es wieder, das Wort, was ich doch eigentlich nicht mochte. Punkt drei also: Zeit für mich. Und wenn es nur wenige Minuten am Tag sind. Nicht reden. Nicht entscheiden. Und wenn ich es schaffe: nicht nachdenken. Bis ich durch das Einrollen der Matte erwache und den Tag starten kann. Mit all den Menschen, die ich so gern um mich habe, die mich fordern, lieben, wahnsinnig machen und der Grund sind, wieso ich morgens zwölf Minuten meine Zeit brauche. Für sie. Für mich.

>

Der Wecker klingelt, ich stehe auf. Der Gang ins Wohnzimmer ist irgendwie heute ein bisschen heller als gestern. Durchhalten, denn bald schon wird es für ein paar wenige Monate ein echter Sonnengruß sein.

von Janine Baumeister
Filmproduzentin, Foto-Künstlerin, NGO-Volunteer

DRAUßEN SCHLAFEN

Sie glauben das nicht? Dann gehören Sie hoffentlich zu den Unglücklichen, die das noch nie probiert haben, und nicht zu den Ignoranten, die es nicht leiden können. Letzteres würde mir leidtun. Es geht dabei nicht nur um das ganz Banale: geeignete Stelle finden, Schlafplatz aufbauen, eventuell Feuer machen, draußen essen und schließlich im Dunkel der Nacht den Geräuschen im Wald lauschen … Es ist mehr.
Es ist ein Angebot an die eigene Gewohnheit, aus sich herauszugehen, und gleichzeitig ein Zelebrieren des Normalen, ein Besinnen, und vor allem eines der jederzeit möglichen Mikro-Abenteuer, die uns spüren lassen, dass wir leben.

> *Wenn mir die Decke auf den Kopf fällt, gehe ich eine Nacht raus. Hängematte, Trapperbett, Bulli am Meer, irgendwie sowas. Für mich eines der Durchhalte-Tools schlechthin.*

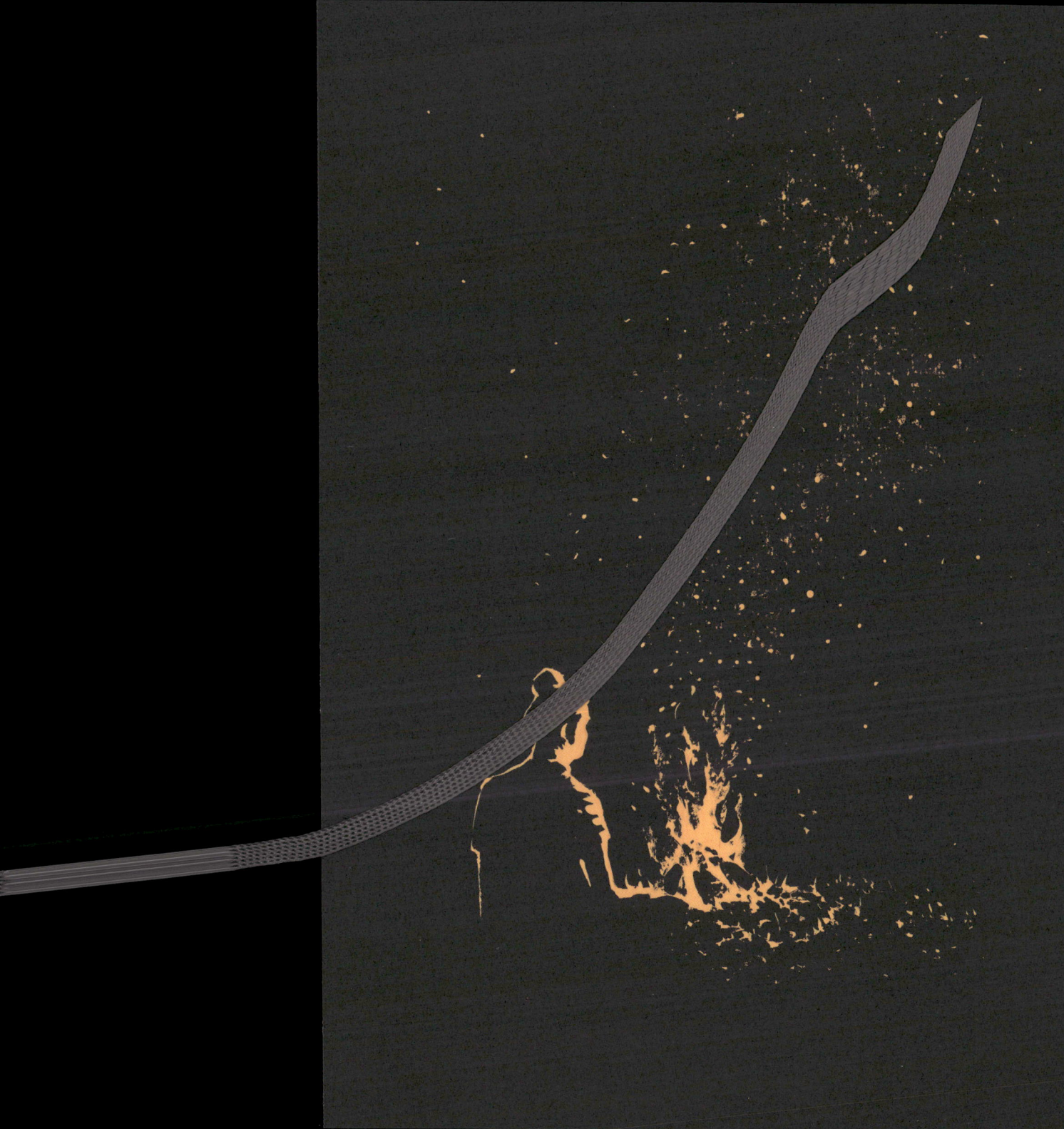

NICHTS

Autofahren und nichts hören. Nicht telefonieren. Höchstens rausgucken. Aufräumen und kein Podcast. Nichts. **NICHTS!**

Ich habe es ehrlich gesagt mehr oder weniger durch Zufall entdeckt. Auf den teilweise ewigen Autofahrten vom Kindergarten nach Hause oder auch einfach nur in den nächsten Ort zum Einkaufen, was auch immer. Ich hatte meine Kopfhörer vergessen, denn meistens sind diese Fahrten parallel zum Zurücklegen des eigentlichen Weges meine Kommunikationszeiten. Diesmal nicht. Der erste Impuls war: wütend, weil die Kopfhörer zu Hause lagen, Radio einzuschalten und mich mit dänischen Nachrichten berieseln zu lassen. Aber ich ließ es. Und war nach kurzer Zeit nicht nur allein in meinem Auto, sondern bei mir. In mir. Gedanken kamen und gingen, zogen mit der nicht zu leugnenden wunderschönen Landschaft vorüber. Blieben kurz, zeigten sich von ihren guten und schlechten Seiten, verblassten oder wuchsen sich aus. Verdammt, wann hatte ich das das letzte Mal erlebt? Mein Leben besteht aus dem Formulieren von Wörtern, dem Spannen und Spinnen von Handlungssträngen, dem Finden von Reimen oder Melodien. Das ist die Arbeit, der ich täglich an meinem Rechner nachgehe. Aber Gedanken mal ohne Zielführung zuzulassen und willkommen zu heißen? Zu betrachten? Das war ne Weile her …

Es mag für die gereifteren unter Ihnen wie eine Lappalie klingen, für mich war es eine der wesentlichsten Erkenntnisse! **NICHTS!** Was sich daraus gebar, war eine neue Lust, eine Kraft, und so viel mehr als das, was ich – so professionell unterwegs ich auch sein mag – am Schreibtisch nicht finde. Auch beim Yoga noch nicht in dieser Art gefunden hab …

Durchhalten durch Nichts. Ich lege es nahe.

SELBSTLIEBE ♥

WIRD ES JETZT ESO? Ja … nein … vielleicht!

Ich habe nicht vor, so zu tun, als hätte ich die Weisheit mit Löffeln gefressen oder mir einen (pseudo-)wissenschaftlichen Hintergrund anzudichten. Und vor allem bin ich kein Psychologe – aber …

Aber ich bin seit vielen Jahren ein alles Eingefahrene hinterfragender, mich auf der Suche befindender, die Komfortzone pulverisierender und unter die zunehmend faltige Oberfläche schauender Freizeitanalytiker. Und ein Poet. Da kann ich einfach nicht aus meiner Haut. Und ja, verdammt, spätestens hier wird es jetzt eso, denn Selbstliebe … verdammt.

Beinahe jeder der hier aufgezählten Tipps hat über höchstens drei Ecken etwas damit zu tun.

Selbstliebe ist die unaufgeregte und ungeschminkte Schwester des Weitermachens-um-jeden-Preis. Sie sind spiegelverkehrte Zwillinge, die einander brauchen.

Was also soll das Wort Selbstliebe für ein Durchhaltetipp sein?

Ganz einfach: Sie ist ein Reminder!

Man kann sich nicht wirklich genug damit beschäftigen, nicht nur, aber vor allem eben dann, wenn man nicht weiß, wie man „das alles" aushalten, wie es weitergehen, was man machen soll!

Die Antwort sollte immer lauten: **SELBSTLIEBE**.

Punkt.

Nächster Tipp.

ATMEN

„Hast du schon mal geatmet?", „Privat regelmäßig, als Beruf würd'
ich das nicht machen." – ein sehr kleiner Tipp hat mir große Kraft
gegeben: Wenn alles zu viel zu werden droht, schalte Handy und
Laptop, Fernseher und CD-Player in der Nähe aus. Dann schließt
du die Augen und atmest dreißig Sekunden lang ruhig und gleich-
mäßig. Anfangs fühlt es sich wie eine Ewigkeit an, aber Stück für
Stück geht der Puls runter und man kommt wieder mehr bei sich
an.
Das, meine Damen und Herren, ist Durchhalten plus. Das ist
weitergeben. Unabhängig davon, dass ich mir natürlich auch noch
ne dringend benötigte Kette für meine Motorsäge hätte kaufen
können …

INTUITIVES
SCHREIBEN

Sicher haben Sie Harry Potter gesehen!? Ich weiß nicht mehr, in welchem Teil es war, aber es gibt eine Szene, in der Dumbledore vor seinem Denkarium steht und mittels des Zauberstabes seine Gedanken in diese wabernde Flüssigkeit einrührt. Er entledigt sich dadurch quasi seiner unnützen, seiner überflüssigen Gedanken. So funktioniert intuitives Schreiben eigentlich auch. So ähnlich zumindest. Hinsetzen, Stift und Heft – und los.
KEIN DENKEN, KEIN PLANEN, EINFACH MACHEN. Sie werden erstaunt sein, was da passieren kann. Es ist möglicherweise anfangs ein wenig holperig und wirkt gezwungen. Eventuell erwarten Sie mehr von sich – aber darum geht es nicht, denn irgendwann übernimmt die Intuition. Vertrauen Sie mir, es wirkt. Ich verstehe Ihre Zweifel und kann leider auch nix versprechen, der allseits beschworene Jogging-Flow ist bei mir bisher auch nicht eingetreten – was allerdings eindeutig daran liegt, dass ich niemals losgelaufen bin!

> *Machen Sie es besser! Loslassen ist Durchhalten. Wer schreibt, bleibt!*

DAS LEID
WIRD ZUM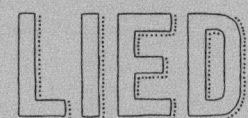

Die meiste Zeit seines Lebens war mein Großvater Karl Bongardt Schriftsteller und Bibliothekar und aus meiner Sicht, der Sicht eines Enkels, ein ziemlich besonderer Herr.

In einem Gedichtband, 1980 in der DDR herausgegeben, fand ich von ihm die Zeile „Das Leid wird zum Lied". Es ist nur der Dreh zweier Buchstaben, der aus dem Wort LEID das Wort LIED werden lässt. Als junger Musiker erkannte ich darin sofort die totale Logik. Musik zu fabrizieren ist wirklich nicht nur Spaß, sondern auch Verarbeitung.

Bis zum heutigen Tag mache ich meine Musik und sie macht mich zu einem Menschen, der durch sie ein funktionierendes Mittel besitzt, sein Inneres auszudrücken. Wenn ich musiziere, komme ich mir selbst wieder näher, da auch ich mich durch Alltag und Arbeit von mir selbst entferne, oftmals weiter als jemals gedacht.

Als Junge dachte ich immer (bestärkt durch meine Eltern), die brennende Frage, wer ich eigentlich bin, würde sich mir zu keiner

Zeit stellen. Mein Papa sagte z. B. zu mir: „Du musst immer wissen, was du willst, sonst machst du die ganze Zeit, was die anderen wollen!" Mit diesem Leitspruch bin ich aufgewachsen.
Ich vergesse aber oft, was ich will.
Mache ich Musik, erkenne ich ganz klar, wer ich bin und was ich will. Ich nutze sie auch, um aus meinem Leid ein Lied zu machen. Das Leid wird zum Lied: Diese Formel stimmt für mich so sehr, dass ich sie mir tatsächlich in den Neunzigern ziemlich groß tätowieren ließ. Erinnert muss ich daran nicht werden.
Das Tattoo ist eher ein Gedenken an diesen besonderen Herrn: meinen Großvater!

von Gordon Boerger
Musiker, Plattenlabel-Mitarbeiter,
Crew-Member von Moderat & Modeselektor

GEDICHT
SCHREIBEN

Auch wenn ich ja bereits mehrmals betont habe, kein Wissenschaftler oder besonders coaching-erfahren zu sein, als Schreibprofi würde ich mich mittlerweile doch bezeichnen. Ich habe als Auftragsschreiber, Werbetexter, Comedyautor, Komponist, Übersetzer, Hörbuchkürzer, Radio- und Zeitungsredakteur (mehr oder weniger) meine Brötchen verdient. Und bin nun seit über zehn Jahren im Kinder- und Jugendbuch-Business (ebenfalls mehr oder weniger) erfolgreich.
Meine eigentliche Liebe aber galt und gilt … tadaaaa … der Poesie. Oder der Pösie, wie ich sie gern nenne.
Das Schreiben von sich reimenden Texten. Das Verknappen komplexer Sachverhalte, intimer Gedanken und/oder allgemeiner Weltthemen in Gedichtform.
Es macht mich an. Es macht mich glücklich.
Nicht jeder Gedanke, nicht jede Idee ist prädestiniert, zu einem Gedicht zu werden, manche wollen lieber ein Lied oder eine Geschichte werden oder wie in diesem Fall hier eine Art Sachbuch.
Für mich ist die Pösie (neben dem Sondeln) mein ältestes und meist geliebtes Hobby.

Es gibt Tage, da sitze ich vor einem meiner Notizbücher und schreibe. Erstmal irgendwas (siehe Tipp „Intuitives Schreiben"). Aber schnell spüre ich, wie beispielsweise aus dem Gedanken „Meine Worte passen oft nicht in eine bestimmte Form" etwas wird.

Manchmal presse ich meine Meinung
- MIT WORTEN - in eine angenehme Erscheinung.

Tadaaa, ein Gedicht!

Das geht auch noch viel simpler. Nicht immer müssen sich Gedichte reimen, sind eher die Essenz eines komplexen Notizenblocks. Aber wie auch immer, probieren Sie es mal aus.
Genauso, wie beim unverbindlichen Schreiben erstmal alles rauskommt (Sie erinnern sich: Dumbledors Denkarium), verdichten sich Worte manchmal wie von allein, wenn man sie ein bisschen in Form presst, und vor allem nachspürt, was sie wollen.
Poesie ist für mich Zärtlichkeit. Wort-Kuscheln.
Probieren Sie es. Niemand wird es bewerten, es sei denn, Sie sind so doof wie ich und veröffentlichen es irgendwo ☺.

ES LEBE DIE KUNST!

„Was kann ich tun, wenn mir der Himmel auf den Kopf fällt?"
(geklaut von Asterix und Obelix)

Es gibt gute Freundinnen in meinem Leben, die nennen mich Obelix. Und das liegt nicht daran, dass ich gerne Wildschweine jage, Römer*innen verkloppe oder mit Hinkelsteinen um mich werfe. Nein, vielmehr weil ich als lösungsfokussiert ausgebildeter Coach immer auf Lösungen schaue und Krisen als „Lernfelder" betrachte. Daraufhin fragte mich eine Freundin mal, ob ich denn in einen Zaubertrank gefallen sei, weil ich immer auf die Lösungen schaue, das möglich Machbare, die Lernfelder, auch in Krisen. Den Circle of Influence, wie das Stephen Covey nennt, oder den Raum der Entscheidung, des Möglichen: „Zwischen Reiz und Reaktion liegt ein Raum. In diesem Raum liegt unsere Macht zur Wahl unserer Reaktion. In unserer Reaktion liegen unsere Entwicklung und unsere Freiheit." (Viktor Frankl)
Doch es gab auch eine Zeit in meinem Leben, wo nix mehr vom Zaubertrank zu spüren war, das war Ende 2019, Anfang 2020: Mein geliebter Papa war gestorben nach einer Reihe von vielen weiteren Abschieden von Menschen, die mitten im Leben standen. Ich selbst öfter knapp vor dem Burnout oder schon drin nach Jahrzehnten von Mehrfachbelastungen durch Studium, Job, Ehrenamt, kein goldener Löffel, alles selbst erarbeitet. Leitsatz: selbst und ständig. Was für ein unangebrachtes Framing (das weiß ich heute). Dann kam der Lockdown, von einem Tag auf den anderen alle Aufträge weg. Meine ganzen lösungsfokussierten Kolleg*innen waren sofort aktiv: Umstel-

lung auf virtuelle Trainings. Und ich? Ich hatte keine Kraft mehr, es war alles dunkel … Ich habe mich erst einmal aus allem rausgezogen und versucht, mit der Decke über dem Kopf und Netflix-Betäubung jeden Tag zumindest aufzustehen – allein das bereits ein Kraftakt. Und das mir!

Nach ein paar Wochen war dann doch noch wieder ein kleines Fünkchen gallisches Dorf in mir. Durchhalten, jetzt kommt der Zaubertrank: meine geliebte Kunst.

Ich habe seit über drei Jahren ein Atelier. Ich wollte immer hauptberuflich Künstlerin sein, doch ich bin einen anderen Weg gegangen. Die Kunst habe ich nie ganz losgelassen und in den letzten Jahren immer mehr Zeit im Atelier verbracht. Seitdem weiß ich für mich: Wenn nichts mehr geht, alles in dir schreit, der Schmerz dich lähmt, dann verschwinde ich im Atelier: Leinwände, Farben, aussehen wie ein Malkasten, Musik an und klatsch! Und noch mal klatsch … mit Farbe schmeißen, kein Konzept, alles ist möglich bis hin zur Zerstörung der Leinwand … es ist komplett egal, es darf alles passieren … es gibt nichts Schöneres … Musik an, mitsingen, weinen, malen. Die schönste Freiheit ist die Kunst; das einzige, was zählt: Farbe und Form. Kopf aus, den sogenannten Monkeymind vor die Tür setzen. Ich kann mich erinnern, dass ich auf dem Boden gelegen habe, um mich herum, auf mir drauf hopste die Farbe, die Tränen der Trauer liefen und liefen und dann – zack! der Moment, in dem du auf die Bilder guckst und gar nicht anders kannst, als zum Blau zu greifen, weil das Bild danach verlangt … Oh wie schön ist es, sich selbst zu vergessen in der Kunst: just be! Und dann kam die Kraft zurück, mit diesem Zaubertrank mit dem Ergebnis, dass ich jetzt mein Business in Teilzeit mache und die andere Zeit im Atelier verbringe. Es geht überall, ein Atelier ist natürlich ein Privileg, das ist mir bewusst. Ich habe Jahrzehnte in der Wohnung gemalt, auch das kenne ich. Wichtig ist: Was wäre ein Leben ohne die Kunst?

von Deborah Ruggieri
Trainerin, Coach, Dozentin & Moderatorin aka Divaphoenixart Künstlerin

DAS UNÜBERWINDLICHE AUFSCHREIBEN

Wenn mir alles zu viel wird oder wenn ich aus einer Situation emotional nicht rauskomme und fühle, wie mein „inneres Fass" gerade überläuft, schreibe ich Glossen. Das Aufschreiben hilft mir, mich zu distanzieren und Situationen von außen zu betrachten. Dann wird alles zu Text und nichts mehr ist Gegenwart. Als Text ist das Geschehene für mich vorbei, ich kann es immer wieder lesen und noch lustiger oder noch böser machen. Ich kann es im Wortsinn „bearbeiten".

Ich glaube, es kommt nicht darauf an, wie lange man lebt, sondern ob man in der Lage ist, sich selbst glücklich zu machen.
Das Glück sitzt in jedem drin.
Es wartet darauf, gefunden zu werden. Theoretisch hätte also jeder die Möglichkeit, auf irgendeine Art glücklich zu sein. Aber manche kommen an ihr Innerstes einfach nicht mehr ran. So als wäre das Passwort vergessen. Man kann jedoch zumindest das Negative im eigenen Umfeld abbauen und sich auf jene Menschen konzentrieren, die einem guttun. Ein, zwei Menschen reichen schon, um einem das Gefühl zu vermitteln, dass man auf dieser Welt ganz herzlich willkommen ist und dass das Haar sitzt.

von Claudia Maria Melisch
Archäologin, Autorin, unterirdisch Aktive

KAPIEREN, WAS LOS IST

Meistens brauche ich etwas Zeit, bevor ich kapiere, dass meine Stimmung kippt. Dann ist es am besten, ich spreche es aus, sage meinen Liebsten, dass ich gerade nicht kann. Wie sonst? Das hilft schon mal, um die Stimmung in Worte zu fassen und niemanden vor den Kopf zu stoßen.

Ich brauche dann sehr viel Zeit für mich. Nach einigen Lebensjahren habe ich für mich herausgefunden, dass auszugehen und dagegen anzugehen bei mir nichts bringt. Ich ziehe mich zurück, so gut es geht, und lasse diese Stimmung zu.

Ich kann sehr gut alleine sein und genieße es, wenn ich die Zeit und den Raum habe, nicht sprechen zu müssen. Als wäre ich übervoll und nichts ginge mehr rein oder raus.

Das ist ein Vorteil vom Älterwerden: Man weiß, es geht irgendwann vorbei. Manchmal lasse ich mich sogar extra reinfallen in die Melancholie. Musik hilft da sehr gut. Tanzen auch. Aber das kann ich eigentlich erst wieder, wenn es langsam aufwärtsgeht und ich mich wieder mag. Alles, was wärmt, tut mir gut: Badewanne, Wärmflasche, einen Grießbrei für die Seele. Ich zeichne und male viel. Es hat eine enorm beruhigende Wirkung auf mich. Hörspiel an und los gehts. Ich male dann Obst oder Gemüse ab oder alte Fotos – egal. Und ich schaue gerne Filme oder Serien und lese Bücher, die eine ähnliche Stimmung erzählen. So fühle ich mich weniger alleine.

> *Irgendwann verstehe ich, was los ist,*
und dann kann ich darüber sprechen.

von Jördis Triebel
Schauspielerin

CRUISEN

Ich schätze, das habe ich dem 60er-Jahre-US-Lebensgefühl
entlehnt und für meine Bedürfnisse modifiziert. Damals, als mein
großer Sohn nicht schlafen wollte. Nur im Auto. Anfangs war es
der Versuch, Dinge miteinander zu kombinieren und hier oder
dort etwas zu erledigen, wenn man schon mal da ist … Aber das
hat sich geändert. Daraus hat sich was ergeben. Und zwar die
Erkenntnis, wie angenehm es ist, mehr oder weniger ziellos
– Lieblingsmusik und Arschheizung an – zu cruisen.
Selbst Strecken, die man normalerweise gehetzt oder auf dem Weg
von A nach B absolviert, fühlen sich gecruised anders an.
Es hat was von sich treiben lassen, Perspektive ändern, Tempo
rausnehmen, Horizont erweitern …
Wie oft bin ich schon an Plätzen herausgekommen, die mir
vollkommen fremd waren, auch wenn die Umgebung durchaus
bekannt war. Den Fokus auf die Straße, aber nicht auf die
Richtung oder den richtigen Weg zu legen, das macht was mit
einem. **ES ENTSCHLEUNIGT UND ES ERDET.**
Ich möchte die vielleicht im Windschatten dieses Tipps
entstehende potenzielle Diskussion um den ökologischen
Fußabdruck nicht unterbinden und auch nicht mit einem ABER
schönreden. Ich stelle mich ihr und propagiere auch nicht, diesen
Tipp als Allheilmittel anzuwenden. Er ist einer von vielen, Punkt.

DINGE BEWUSST MACHEN

Stress, Druck, Eile. Je mehr wir davon in unserem Leben haben, umso mehr machen wir beiläufig und flüchtig. Wir melden uns nicht mehr richtig bei Freunden, wir nehmen uns keine Zeit für das, was uns guttut, kleine und große Dinge bleiben auf der Strecke.

Und da wir meist das Große und Ganze nicht sofort ändern können, erobern wir uns einfach kleine Momente zurück. Statt den Kaffee oder Tee in Hektik wegzuschlürfen, nehmen wir ihn mit zum Sofa, setzen uns hin und trinken ihn bewusst und in Ruhe. Das ist mein Kaffee, das ist mein Moment. Der Fokus liegt nur bei dem, was ich gerade mache: sitzen, riechen, trinken. Danach ist die Welt wieder dran, aber jetzt bin ich es. Das Gefühl wird sagen: „Du kannst doch nicht …", aber doch: **MACH EINFACH!** Du wirst sehen, es geht. Und der Witz ist: Es kostet nicht mal merklich mehr Zeit. Denn so ein Heißgetränk braucht so oder so seine Zeit zum Runterkühlen und die gehört jetzt dir.

Statt Nachrichten am Tisch nebenbei beim Müsliessen zu lesen, gönn dir einfach zwei Artikel in Ruhe. Zurücklehnen, durchatmen, lesen. Meine Nachrichten, mein Moment.

Einerseits schenken uns diese kleinen Pausen einen bewussten Fokus auf uns und unsere Bedürfnisse. Sie lassen uns in Stressphasen besser spüren, was wir brauchen und was wir machen sollten. Andererseits wirken diese Momente wie ein Mini-Reset:

> *Das angestrengte Gehirn darf kurz loslassen, Knoten lösen,*
> *einfach nichts tun und danach geht es gestärkt weiter.*

von Prof. Dr. Jan Boelmann
Literatur- und Mediendidaktiker

SCHLECHTE ANGEWOHNHEITEN ABGEWÖHNEN

Hier ist es ein bisschen wie der Tipp mit den dummen Dingen, die man tun kann. Sie selbst wissen am besten, was Ihre schlechten Angewohnheiten sind und welche davon Ihnen am meisten auf den Nerv geht. Wenn nicht, finden Sie es heraus. Es müssen ja nicht gleich alle sein, die Sie sich vornehmen. Nicht gleich das ganze Haus neu sanieren, ein Zimmer reicht für den Anfang. Oder eine Wand im kleinsten Raum. Oder wenigstens mal saugen unterm Sofa …

Jedenfalls habe ich festgestellt, dass –vielleicht erinnern Sie sich an den Mantra-Tipp – alles, was mit Ruhe zu tun hat, mir nicht so recht abgeht. Irgendwas in mir torpediert den gemütlichen Typen in Schlappen, der eigentlich nur auf dem Sofa sitzen und lesen will. Und genau deswegen ist das mein persönliches Projekt. Jedes Mal wenn ich nicht gebrüllt oder mich aufgeregt habe, ist ein kleines innerliches Schulterklopfen fällig. Jede cholerische Attacke, die mich früher schon ereilen konnte, wenn einer nicht seiner Dankbarkeit Ausdruck verlieh, weil ich ihn im Straßenverkehr zuvorkommend vor mir in die Schlange einfädeln oder die Straße überqueren ließ: **AAAARGH!**

(Der Satz musste mit AAAARGH! enden, sonst hätte er keine Kraft bekommen, auch wenn er dadurch aussagefrei blieb.)

Egal, Sie wissen, was ich meine. Es geht nicht um Selbstoptimierung oder das Erreichen heiliger Geisteszustände, es geht um die Fähigkeit, sich täglich der kleinen Challenge zu stellen, eine Routine dafür zu entwickeln, sich mit Liebe und Nachsicht vor Augen zu führen, wo Sie ein totaler Idiot sind. Und das dann eben zu ändern. Ein bisschen. **DAS IST DURCHHALTEN. ABER SOWAS VON.**

ACHTSAMKEITS-KALENDER

Vor ein paar Jahren habe ich anstelle eines klassischen, mit Schoki gefüllten Adventkalenders einen Achtsamkeitskalender geschenkt bekommen.

Genauer gesagt, ein Glas gefüllt mit 24 kleinen Achtsamkeits-übungen. Ok, es fiel am Anfang nicht leicht, gerade auch in der trubeligen Vorweihnachtszeit, mir jeden Tag ein bisschen Zeit für mich selbst zu nehmen. Auch das auf die einzelnen Übungen Einlassen war hin und wieder herausfordernd. Aber von Tag zu Tag, mit jeder neuen Übung habe ich gemerkt, dass ich mehr bei mir bin und mich auch auf die nächste Übung am kommenden Tag freue. Mittlerweile ist es so, dass ich, wenn ich mich sehr „aus dem Rhythmus" fühle, online einen Monats-Achtsamkeitskalender raussuche und mir auf den Nachttisch lege.

> *Ok, es wird sicherlich nicht jeden Abend jede Übung durchgezogen, aber im Großen und Ganzen tut es mir sehr gut.*

von Kerstin Grünert
Kindermarken-Expertin, Familienmensch, Gartenliebhaberin

SÄTZE IN VERSCHIEDENEN SPRACHEN SAGEN

Oha, dünnes Eis.

Ein deutscher Autor, der mit mäßigem Englisch auf einer dänischen Insel lebt. Ich gebe zu, diese Challenge war möglicherweise die am meisten unterschätzte. So viele Dinge glaubte ich bedacht zu haben, bevor wir ausgewandert sind. Dieses ganze Thema Sprache war irgendwie im nebulösen **„WIRD SCHON!"** verborgen. Heute, knapp vier Jahre danach, stolpere ich immer noch durch die Kommunikation mit Nachbarn und Behörden, und auch die vage Hoffnung, mir mit meinem Ostberliner Nicht-Englisch zu behelfen, hat sich in der Realität pulverisiert. Es lernt sich nur durchs Benutzen. Pech, ich bin Autor und sitze mehr oder weniger täglich allein am Rechner und schreibe in meiner Muttersprache. So weit, so schlecht. Irgendwann habe ich ein Faible dafür entwickelt, immer im deutsch-dänisch-englischen Dreigestirn zu denken.

WIE GEHT ES DIR? HVORDAN GÅR DET? HOW DO YOU DO?

Ja, es geht auch komplexer, aber es ist ein Anfang … Und es hilft. Beim Glauben daran, es irgendwann besser oder vielleicht sogar gut und ohne Eselsbrücken hinzubekommen.

Durchhalten. Bliv ved. Keep up! ☺

BAUM PFLANZEN

OH JA, ES IST GENAU SO EINFACH.
Wer jemals in seinem Leben ein Loch ausgehoben, es mit guter
Erde und Kompost wieder aufgefüllt und einen Apfelbaum
hineingesetzt, eine kleine Gießrinne angelegt, einen Haltepfahl
mit Juteband um den jungen Stamm gelegt, die Erde festgetreten
und anschließend Mulch ausgebracht hat, wird es nie wieder
vergessen.
Je größer, desto besser. Sorry, aber das stimmt in diesem Fall,
auch wenn winzige Setzlinge bereits ebenfalls glücklich machen.
In den nächsten Tagen wieder und wieder an der Stelle
vorbeizufahren oder zu gehen, zu sehen, wie man selbst die
Landschaft verändert hat. Dieses gute Gefühl zu konservieren ist
wie eine Hymne an die Zukunft.
Auch wenn man vielleicht nie im Schatten dieses Baumes
sitzen wird, es kommen die Jahre, in denen man dann plötzlich
Äpfel ernten und sich immer seines Einflusses auf das Leben
besinnen kann.
Bäume pflanzen ist aktives Gestalten und für mich eines der
effektivsten Tools in puncto Durchhalten geworden.

DURCHHALTEN IST WIE ANFANGEN NUR KRASSER!

Das war mein erster Impuls. Doch ganz so einfach ist das leider nicht.

Carl Rogers mögliche Inkongruenz zwischen Idealselbst und Realselbst aus der Psychologie zeigt sich sehr offensichtlich und unverblümt beim Verhalten des Durchhaltens. Im Kopf bin ich schon fast Nichtraucher oder habe fünfzig Kilo abgenommen – natürlich in drei Wochen. Das ist ein schönes und positives Selbstbild. Allerdings ist das Realselbst oft weit davon entfernt. Oftmals werden wir schwach, geben auf und/oder zeigen unsere Superleistung als Menschen im Un-Perfektionismus.

Oder wir legen unseren kleinen gefräßigen Minimenschen schon die ersten Durchhalteparolen mit in den Kinderwagen, für Dinge, die wir selbst nicht auf die Reihe bekommen haben. Immer schön, wenn der oder die Kleine es schafft durchzuhalten. Dann ist es ein Erfolg des Elterntums … leider wrong oder rosarote Brille! Wann halte ich denn durch? Wann nicht? Gibt es bestimmte Faktoren, die dazu beitragen? Meiner persönlichen Erfahrung nach gibt es diese natürlich. Als allererstes stellt sich allerdings die Frage, ob Durchhalten eine Option darstellt oder nicht. Menschen in Kriegsgebieten zum Beispiel können sich nicht aussuchen, wann sie wieder aus dem Bunker können oder was sie essen könnten. Hier ist Durchhalten keine Frage des freien Willens. Es ist eben keine Option! Es ist eine Extremsituation, daher klammere ich das aus. Und Extremsituationen haben Menschen schon immer besondere Fähigkeiten zeigen lassen. Jeder, der Kinder hat, kann das bestätigen ☺ (ich sag nur: Tausend Kilometer im Auto mit Kleinkindern).

Ist es nicht schön, die Chance zu haben durchzuhalten, aus freiem Willen? Durchhalten ist Arbeit am Leben! Und wir können uns dafür entscheiden. Aber wie ist es mit den nicht fremdentschiedenen Situationen? Ich vergleiche das gern mit einem Marathonlauf. Einen Marathonlauf zu meistern, wird mir nicht auf Anhieb gelingen. Das Ziel allein reicht nicht aus, um die zweiundvierzig Kilometer zu bewältigen. Natürlich sehen wir uns vor dem inneren Auge schon wieder leichtfüßig durch das Ziel tänzeln … eine tolle Vorstellung. Dann wachen wir auf und merken, wie schwach wir sind, weil wir das nicht durchhalten können. Wenn der Preis für das Durchhalten nicht groß genug scheint, wird es nicht funktionieren. Gehen Sie aus Ihrer „Komfortzone". Schließlich steckt nicht umsonst im Wort „Durchhalten" das Wort „Halten", was sich wiederum nach Arbeit anhört und es leider auch ist … Aber hey, wenn es leicht wäre, würde es jeder tun. Ich bin Großmeister im Feiern von Teilerfolgen beim Durchhalten. Ich funktioniere so. So habe ich mit dem Rauchen aufgehört. Ich wollte einfach nicht Nichtraucher werden, ich hatte es bereits fünfmal erfolglos probiert. Dann begann ich, jeden Tag ohne Rauchen zu feiern, ganz bewusst. Später jede Woche. Mittlerweile bin ich lange rauchfrei und freue mich. Werde ich dauerhaft durchhalten? Das werde ich sehen in den nächsten Jahren. So allerdings fühlt sich durchhalten richtig und gut an! Ohne Erwartungshaltungen an mich!

Wichtig ist für mich auch der rücksichtsvolle Blick in den Rückspiegel, wenn es mal nicht klappt. Etwas Demut, eine andere Herangehensweise und schon geht es wieder los. Wie oft ich schon das Durchhalten unterbrochen habe, kann ich gar nicht mehr zählen. Ist das nicht schön? Ein Mensch zu sein? Immer wieder anzufangen?

Durchhalten ist bedingt durch das Anfangen. Vielleicht ist das häufige und immer wieder neue Anfangen auch eine Form von Durchhalten. Alles eine Frage der richtigen Perspektive. Ich halte durch, es immer wieder neu zu versuchen!

von Michael Koch-Elefant
mittelguter Durchhalter, Vater, Ehemann, Sohn und Freund

KOCHEN

Gerade in letzter Zeit, auf der Zielgraden zur Fünf am Anfang meiner Lebensjahre, entdecke ich die wohltuende Kraft einer hingebungsvollen Koch-Session.

Mit allem Drum und Dran. Rezepte auf YouTube suchen, mich so richtig schön reinsehnsuchten, dann hungrig einkaufen gehen mit Zettelchen, auf dem man das Benötigte säuberlich durchstreicht – und dann hinter einer chinesischen Zutaten-Mauer in sein kleines kulinarisches Zwischenreich eintauchen.

Perfekter Podcast, angeschmuddelte Grill-Schürze, stimmungsverstärkendes Teelichtarrangement und ab dafür.

Kochen ist Hingabe. Kochen ist Loslassen. Kochen ist eine Liebeserklärung an die nähere Zukunft und an sich selbst.

Es sei denn natürlich, der ganze Plan misslingt. Aber das wird vielleicht ein zweiter Teil werden. Er könnte heißen: **DURCHHALTEN, AUCH WENN ALLE DURCHHALTETIPPS NICHT FUNKTIONIERT HABEN.** Oder so ähnlich.

Bis es so weit ist: schmecken lassen.

WASSER
SPAREN

Sie fühlen sich so richtig schön sinnlos, domestiziert, überfordert und schlecht? Oder nur eins davon? Oder etwas ganz anderes? Dann … tadaaaa … Wasser sparen.

Was Gutes tun, ohne wirklich was tun zu müssen. Nicht die Welt retten, höchstens ein bisschen.

Eine Schüssel ins Waschbecken, Wasser beim Händewaschen nicht in den Abfluss, sondern sammeln und wenn sie voll und Sie leer sind, damit spülen! Ist Ihnen zu simpel? Echt?

Okay, ich schenke Ihnen einen Satz, den ich mir während meiner Permakultur-Design-Ausbildung so ungefähr gemerkt, den Urheber allerdings vergessen habe: *Die Idee, mit der wertvollsten Ressource, die wir haben – dem Trinkwasser – unsere Ausscheidungen in die Kanalisation zu einem Problemabfall herunterzuspülen, war möglicherweise der Anfang vom Ende der menschlichen Evolution! Na? Immer noch zu simpel?*

Ich weiß nicht, ob es in puncto Zukunft auf unsere Spezies hochgerechnet in diesem Buch einen wertvolleren Durchhaltetipp als diesen gibt. Na gut, meine sämtlichen Gastbeiträge sind natürlich allesamt auch sehr wertvoll! ❤

VEGANE WOCHE

Liebe Veganer, sorry, Sie sind an dieser Stelle raus.
Alle anderen mal bitte lesen. Nein, nicht einfach überblättern, denn es geht um mehr als ein paar Tage fleischlos kochen. Es geht um das Generieren eines Wohlgefühls. Jaja, höre ich einige sagen, es ist schon ein Erfolgserlebnis, wenn man es geschafft hat, Tofu Biss oder gar Geschmack abzugewinnen. Und das kann ich nicht leugnen, auch ich kämpfe damit. Aber ich meine trotzdem noch mehr.

Die Beschäftigung mit einer Ernährungsweise, die Ihnen die Sicherheit gibt, nicht für Leid an anderen Lebewesen verantwortlich zu sein, ist ein wahrer Segen für eine gebeutelte Seele. Ihre nämlich!

Ich bin ein Landei, das die eigenen Hühner schlachtet und im Tiefkühler Teile von Nachbars Kuh liegen hat, aber seit ich hier im Outback lebe, habe ich mich immer bewusster ernährt. Sorgsamer, feinfühliger, umgeben von dem, was das Resultat einer bedenkenlosen Konsum-Kultur ist. Immer seltener landen tierische Produkte auf dem Teller. Immer häufiger stelle ich fest, dass jede Form von Nahrungsmitteln eigentlich nur Geschmacksträger für Gewürze ist. Und wenn der Brokkoli die richtige Konsistenz hat (anders als Tofu), schmeckt er richtig gewürzt um einiges besser als das zusätzlich übersalzene schlechte Gewissen.

Für mich ist das mehr als Durchhalten. Für mich ist das ein Invest in meine eigene Verantwortung. In mein Goodfeel.

Verzeihen Sie, falls es hier ungewollt ein wenig zu politisch oder schwer wurde, aber ich finde, das Thema hat es verdient.

FÜR ANDERE DA SEIN.

Klingt absurd in unserer gehetzten Zeit, weil es selbige kostet, und man könnte meinen, die Überforderung steigt, wenn man neben sich selbst auch noch Verantwortung für andere übernimmt. Stimmt auch, aber das ist eben nur die halbe Wahrheit.

Gerade als Kreativer und noch dazu als einer, der nicht in der Lage ist, sich Erfolgserlebnisse über Basteln oder Bauen zu verschaffen, ist es ein probates Mittel, zu sich selbst zu kommen und durch die Hilfe für andere am Ende auch wieder zu lernen, sich selbst zu helfen. Und man verlässt das Hamsterrad, in welchem man um sich selbst kreist. Das macht den Kopf frei!

Erfolgserlebnisse, die man erreicht, indem man sie für andere erreicht, sind eben trotzdem selbst erlebte Erfolgserlebnisse. Und dabei spielt es keine Rolle, ob es um Engagement für eine Gemeinschaft oder ganz gezielt um Hilfe für Einzelpersonen geht. Logisch, innerhalb der Familie sollte sowas klar und wir füreinander da sein, aber links und rechts über den Tellerrand des Inner Circle zu schauen, die Augen und Ohren offen zu halten, ist am Ende Balsam auch für die eigene Seele. Karmapunkte inklusive ... für denjenigen, der daran glaubt jedenfalls.

>

Irgendwann verstehe ich, was los ist, und dann kann ich darüber sprechen.

von Tobias b.deutung Unterberg Komponist, Cellist, Mensch

HOAXILLA

von HOAXILLA PODCAST
Alexa Waschkau, Kulturwissenschaftlerin,
und Alexander Waschkau, Diplompsychologe

Mal abgesehen davon, dass wir uns im Rahmen eines regelmäßigen Podcasts mit der redaktionellen Planung der Themen auseinandersetzen, sprechen wir auch häufig darüber, wie es uns mit dem Format geht und wie wir uns die Zukunft vorstellen. In diesen Gesprächen fragen wir uns oft, wie wir das Projekt seit fast 13 Jahren am Leben gehalten haben.

DIE FOLGENDEN DREI PUNKTE KOMMEN UNS DABEI IN DEN SINN, DIE WIR GERN AN DIESER STELLE BEISTEUERN:

ERSTENS Es ist okay, es nicht allein zu schaffen. Nahestehende Menschen wissen zu lassen, wenn die Puste ausgeht, ist nicht nur in Ordnung, sondern manchmal per se schon ein Erfolg, weil dieser Schritt bisweilen richtig schwerfallen kann. Also Kudos! an alle, die es hinkriegen, um Hilfe und Zuspruch zu bitten.

ZWEITENS Es ist hilfreich, wenn man sich selbst gut kennt. Es hat bei Alexa zum Beispiel etwas gedauert, bis sie erkannte, dass es ihr Muster war: „Bei neuen Projekten mit Vollgas anfahren und dann die Lust verlieren, wenn der Motor ins Stottern gerät". Seit sie sich dessen bewusst ist, merkt sie schneller, wann sie aufpassen muss.

DRITTENS Es ist gut, nett zu sich selbst zu sein. Es bringt nichts, wenn man sich die eigenen Fehler und Unzulänglichkeiten übelnimmt und eigene Ansprüche zu hoch schraubt. Lieber realistisch sein, auch mal über sich selbst lachen und zu den Fehlern stehen. Fehler sind nicht peinlich, sondern wichtig. Aus Fehlentscheidungen und kleinen Katastrophen zu lernen, wird unserer Ansicht nach komplett unterschätzt und hilft beim Durchhalten.

Mit diesen drei Punkten, die einfacher klingen, als sie sind, fühlt sich die Arbeit an unserer Sendung auch nach so vielen Jahren frisch und bereichernd an. In der Fortsetzung dieses Buches versuchen wir dann zu analysieren, wie wir es geschafft haben, seit 25 Jahren eine glückliche Beziehung zu haben. Aber da passte der Titel „Durchhalten" aus unserer Sicht nicht so gut ☺.

NACHTWANDERN

HA! HAB ICH SIE! Augenrollen, Stirn runzeln und genervten Flunsch
ziehen. Okay, es ist ja auch hell, während Sie das hier lesen.
Dann warten Sie jetzt mal bitte ein paar Stunden und gehen Sie dann
raus. Ich meine natürlich nicht auf die festlich beleuchtete Flaniermeile
im Szeneviertel. Ich meine auch nicht in den auch drei Uhr nachts
illuminierten Stadtpark – ich meine raus in die Natur.
Lassen Sie sich ein und ihre Augen an die Dunkelheit gewöhnen.
Es dauert ein bisschen, aber schon währenddessen morphen sich ihre
anderen Sinne an die Oberfläche … Sie schnuppern, tasten, horchen
in die Nacht und plötzlich kratzt da der Urmensch an der
domestizierten Hülle.
Ich gehe manchmal ganz bewusst ohne Stirnlampe durch die raben-
schwarze Dunkelheit unserer vier Kilometer langen Auffahrt, von da in
den Wald und am Bach entlang. Ich transformiere innerhalb weniger
Meter zu einem anderen Wesen. Ich vergesse all den mich umtreibenden
und schlaflos machenden Zivilisationsmüll und gehe über in die Schatten, die ich selbst nicht mehr werfe.
Es ist wie eine Umarmung. Der Daumen fährt langsam über den schrun-
digen Handrücken der Umgebung und fühlt sich voran. Es ist verrückt,
beinahe beängstigend, wie schnell wir auf Instinkte umschalten, die wir
unter den Lieferdienst-Flyern der Zivilisation begraben haben.

> *Mein Tipp: Netflix aus und raus. Dunkelheit atmen.*
Durchhalten.

FASTEN

Nun ja, ich gebe zu, ich war ein Spätzünder in den mannigfachen auf Selbstliebe, Achtsamkeit, Fürsorge basierenden Me-Time-Games. Aber Fasten – meine Fresse, ich mag's. Ehrlich gesagt hätte ich das kaum für möglich gehalten, aber mittlerweile ist mir klar geworden, worum es da geht und dass es ne ganze Menge mit Durchhalten zu tun hat.
Es ist zum einen die Challenge an sich. Das Präparieren der damit einhergehenden Notwendigkeiten, die mentale Überzeugung: JETZT! Die Vorfreude auf greifbare Ergebnisse in Form von sichtbar weniger Kilos auf der Waage oder eben dem abgeklungenen Hautausschlag. Vor allem aber ist es wieder mal die Beschäftigung mit sich selbst, das Dabei-mit-sich-Alleinsein …
Es ist ein Ausbruch aus der Normalität und eine Hingabe an sich selbst. Ein Wachsen.
Ich kenne mittlerweile viele Menschen, meist ältere, die Fasten als elementaren Bestandteil, als wiederkehrendes Element in ihr Leben eingebaut haben. Also kein Durchhalten mehr, sondern eine lieb gewonnene Routine. Auch gut.

LESEN

Es ist so simpel. Wieso kam dieser Tipp nicht schon längst? Vielleicht weil er so simpel ist, dass er auf den ersten Blick gar keine Erwähnung wert ist? Stimmt aber nicht.

Lesen erfüllt in vielerlei Hinsicht vielerlei Dinge.

Man kann einfach so lesen. Was man immer schon lesen wollte, weil einen das Thema oder der Autor interessiert. Weil man frei hat und zu nichts anderem in der Lage ist. Weil die Couch so gemütlich anziehend wirkt und der Ofen schön bollert. Weil man im Urlaub ist und … und … und …

Aber lesen ist so viel mehr. Trotz YouTube gibt es einfach Dinge, die ich selbst erlesen viel besser verinnerliche und verstehe als über den Umweg einer hippen Videoaufbereitung.

Lesen ist für mich nämlich die Form von Intimität, die ich mir sonst oft nicht gönne. Das wiederholte Lesen spezieller Passagen. Das eigene Tempo beim Konsum von Literatur. Das unbemerkte Abschweifen der Gedanken. Lesen Sie, verdammt.

In unserem Haus liegen überall Bücher. Manchmal thematische Stapel zu bestimmten Themen, natürlich die Kinderbücher, meine eigenen (nicht einsortierten) Belegexemplare oder Bücher, die man einfach wieder und wieder in die Hand nimmt. Sie mahnen mich auch, sie nicht zu vergessen, denn natürlich verdaddel ich auch viel zu viel Zeit am Handy. Aber nochmal: **LESEN SIE!**

Nur Sie und ein Buch, Ihr Schlüsselloch in die Welt einer anderen Person, eines faszinierenden Universums oder in ein Themengebiet.

Und ja, lesen Sie auch dieses Buch. Denn es ist sehr gut.

Hauptsache, Sie halten durch!

INSELN SCHAFFEN

Lieber Kai,

nochmals sorry, deine Anfrage ist mir einfach so durchgerutscht, weil ich – als sie mich erreichte – gerade alles richtig gemacht habe! Ich war ganz im Moment und ganz weit weg vom Alltag ☺.

Nun habe ich mir heute den ganzen Vormittag freigeschaufelt, um in aller Ruhe über dein Projekt nachzudenken und dann etwas sehr, sehr Kluges zu schreiben …

Ich habe mir Kaffee gemacht, den Schreibtisch vorbereitet und mit großem Brimborium angekündigt, dass ich nun für eine besonders wichtige Anfrage besondere Ruhe und besonders viel Zeit bräuchte …

„Worum geht es denn?"

„Kai hat mich gefragt, ob ich etwas zu seinem neuen Buch zum Thema DURCHHALTEN beitragen kann … also so Tipps habe, wie man besser durch diese verrückte Zeit und überhaupt das ganze Leben kommt, und darüber werde ich jetzt gleich einige Stunden intensiv nachdenken und dann hoffentlich etwas sehr, sehr Kluges schreiben …" „INSELN SCHAFFEN!"

„…"
KONZENTRISCH

Müde die Wolken
im Nest der Berge.

Halb schlafen wir, schon kriechen
an unseren Träumen Schnecken empor.

Mücken sticken uns das Abbild der Berge
auf die Haut.

Wir sind Bevölkerte
und du bist

eine Insel,
auf einer Insel,
auf einer Insel.

(aus dem Gedichtband: Du bist eine Insel, Eine poetische Liebeserklärung an Mallorca)

von Thilo Schmid
Inselbauer, Liebender, Verleger, Dichter

INSEL DER IGNORANZ

Maaaaahlzeit ans Wasser, lieber Kai!
Schönes Projekt haste da. Sorry für die späte Reaktion.
Ich war wieder auf meiner Insel der Ignoranz.

Wo wir vielleicht auch schon bei meinem einzigen brauchbaren Tipp sind für dein Buch. Weil grundsätzlich wüsste ich gar nicht, was ich da beisteuern soll. Ich bin ja nicht weniger oder mehr betroffen als du oder andere. Vielleicht ein bisschen mehr, weil ich mich ja selbst manchmal eher als eine Art satirischen Chronisten empfinde … oder so ähnlich. Also, ja, Ruhe, Vertrauen und Gelassenheit sind schon wichtige Bestandteile. Da würde ich generell Mut noch in den Topf tun. Ich rede nicht von Gratismut oder irgendwas, was man plakativ vor sich herträgt. Mut ist es schon, an Ruhe, Vertrauen und Gelassenheit festzuhalten, wenn das Spiel um einen herum eigentlich genau das Gegenteil fordert. Jeder, der da an Ruhe, Vertrauen und Gelassenheit festhält, ist mutig und vielleicht auch ein bisschen bewusst ignorant. Und zack! sind wir eben auf der Insel der Ignoranz. Gilt ja schnell mal als grundsätzlich negativ. Ist aber, richtig eingesetzt, ne tolle menschliche Eigenschaft zum Selbstschutz. Dit is vielleicht aber och ein Berliner Ding, wa? Zu sagen: **„MIR EGAL, WAS GERADE ABGEHT, ICH BLEIB HIER AUF MEINER INSEL. DIE HAB ICH MIR EXTRA GESCHAFFEN. DA STÖRT MICH NIX, DA HOL ICH MIR DAS UNZERSTÖRBARE ICH".** Die Insel der Ignoranz kann natürlich aus unterschiedlichen Dingen bestehen: Sport, Videospiele, Reisen, Drogen, Sauna, Lesen, Autos, gutes Essen, Hotels, Sexparties und vielleicht auch aus einer geschickten Kombination daraus. Gutes Essen und Sexparty zusammen kann ich beispielsweise nicht empfehlen. Anderes Thema. Auf der Insel der Ignoranz geht es jedenfalls erstmal kurz nicht darum, die Probleme dieser Welt anzunehmen, jedem und allem Raum zu geben, sondern einfach nur zu machen, wozu man Lust hat, und alles andere zu ignorieren. Für eine begrenzte Zeit. Bewusst. Es geht auch nicht darum, ein egoistischer Sausack zu sein. Im Gegenteil! Vielmehr habe ich festgestellt: Alleine durch das imaginäre Schaffen dieser Insel und das Bewusstsein, dass sie da ist, wird man Ruhe, Vertrauen und Gelassenheit näherkommen, und damit wird man dann auch für sein Umfeld automatisch erträglicher. Dieses Mantra wird sich nämlich nicht davon erfüllen lassen, dass man es als Wandtattoo übers Bett schreibt *(Kai, falls das da tatsächlich bei dir steht: Es tut mir leid!)*. Das Schöne ist: Diese Insel der Ignoranz ist immer da, wenn man sie sich mal imaginiert hat und sie bereits wahr geworden ist. Dann ist sie der perfekte Rückzugsort für „Kurztrips". Das alleine hilft in einer Polykrisen-Welt schon, der coole Dude zu bleiben. Dann ist klar: Wann immer mich das Hier und Jetzt überfordert, pack ich seelisch meine sieben Sachen und geh auf meine Insel. Da mach ich dann Dinge, die mir Spaß machen, die mich ablenken, die mich befreien, die mir Druck nehmen, die mich inspirieren. Und lustigerweise kann man damit auch begründen, warum man eine Mail nicht beantwortet hat, und in den meisten Fällen verstehen die Menschen das sogar. Es sei denn, sie sind vom Finanzamt. Da geht's dann flott rüber auf die Insel der Insolvenz. Nicht verwechseln!

ALSO FAZIT: Man schaffe sich eine Insel der Ignoranz und erfreue sich am herrlichen Ignorieren der eigenen Pro-bleme und der Probleme dieses Planeten für eine begrenzte Zeit. Zwei Dinge sind wichtig: 1. das Bewusstsein dafür, dass man gerade tut, was man tut, weil man das braucht. 2. dass man nicht auf dieser Insel hängen bleibt. Das Leben besteht aus Zyklen. Und wir alle wissen: Probleme beginnen damit, dass man aus bestimmten Zyklen nicht mehr rauskommt.

> *Man hat immer die Verpflichtung, die Insel der Ignoranz auch wieder zu verlassen, sobald man weiß, dass es gut ist. Und das weiß man. Wenn man den Moment verpasst, sitzt man am Ende da, versteht die Welt nicht mehr und bombardiert die Ukraine. Unschön.*

von Ingmar Stadelmann
Comedian, Moderator, Inselbesitzer

NERVIGE MENSCHEN
DEABONIEREN

Durch den Abstand des Auswanderns ist mir klargeworden,
wie sehr ich in einer Zwangsbubble aus vermeintlich notwendigem
Miteinander gefangen war. Wir haben derart viele Zwangskon-
takte in unserem Leben. Wir sind Eltern, haben Berufe, Hobbys,
Nachbarn ... überall wimmelt es von energiesaugenden,
lebensqualitätmindernden und nervraubenden Homo Sapiens.
Trennen Sie sich, distanzieren Sie sich, vermeiden Sie diese!
Im Ernst. Aus einem mehrere hundert Kontakte starken Telefon-
verzeichnis wurden bei mir in den letzten Jahren zwei bis drei
Handvoll wichtiger Kontakte, die ich privat kontaktiere.
Sorry, aber für mich braucht es nicht mehr.
Und es fühlt sich gut an.
Dass man darüber hinaus mit Menschen über Instagram inter-
agiert oder selbstredend auch einen größeren Pool an Business-
Kontakten pflegt – logisch. Aber es ist wie mit dem Ausmisten:
Es tut einfach gut, den Boden der Schublade zu erkennen und zu
wissen, was man an wem hat. Qualität statt Quantität!
Amen.

RAUS AUS DEN SOZIALEN MEDIEN

So simpel wie scheinbar unmöglich. Oft genug sind die sozialen Medien Quelle meiner Überforderungen und des allgemeinen Weltschmerzes. Ein Überangebot an Scheiße, die man freiwillig auf sich einprasseln lässt.

Natürlich bedeutet die Abstinenz von diesen Medien nicht, dass die Scheiße dann nicht mehr existiert. Das aber sind andere Gedanken, denen man sich im nächsten Schritt stellen kann. Und es ist ein nicht nur legitimes, sondern in meinem Fall notwendiges Tool, um Impulse von außen zu reduzieren. Um mich auf mich zu konzentrieren und zu kapieren, was mich wirklich umtreibt. Selber denken, statt berieseln lassen! Fühlen statt scrollen. Seit ich nicht mehr bei Facebook bin, daddel ich zwar öfter mal sinnlos durch Instagram (das ist bisher mein Schlüsselloch aufs Festland und in die Welt geblieben), aber die dortige Darreichung von Fremd-Content kann ich deutlich besser aushalten als die Pinnwand des Wahnsinns, als die ich Facebook die letzten Jahre zunehmend wahrnahm. Ich bin mir allerdings sicher, dass ich eines Tages ganz verzichten werde.

> *Allein die Tatsache, Dinge zu Veröffentlichungszwecken aus entsprechenden Winkeln filmen zu wollen, statt sie einfach zu genießen, ist ... naja, ein Indikator!*

ABTAUCHEN

Abtauchen. Das Bedürfnis als solches überrollt den einen oder
anderen mit Sicherheit regelmäßiger. Oder auch Luft anhalten und
unter die Oberfläche schauen. So lange wie möglich.

Obwohl ich nicht wirklich taucherfahren bin, reizt mich das
Abtauchen in besonderem Maße. Das dumpfe und simmernde
Gefühl unter Wasser, das Rauschen und der Druck, das macht
was mit mir.

Ich trenne Eisbaden (siehe zwanzigster Tipp) und Abtauchen.
Wenn es mir nicht reicht, Social Media und Co. temporär außen
vor zu lassen, tauche ich gern ab.

Es mag an der Verbindung mit dem Element Wasser liegen, an
dem Umstand, dass man sich komplett hingibt – I dont' know.
Aber es hilft. Es powert mich und macht mich gleichzeitig ganz
ruhig … und es fühlt sich „richtig" an.

WAS DUMMES MACHEN

Also wenn ich Ihnen jetzt hier Beispiele aufzählen muss, dann ist Ihnen wirklich nicht mehr zu helfen!

>> NEIN <<
IST EIN GANZER SATZ!

Diese Weisheit hat mich durch viele schwierige Ent-
scheidungen getragen. Damit ich aufhöre, mein Nicht-
wollen, Nichtmitmachen, Nichteinverstandensein mit
Argumenten zu beladen, habe ich mir einen Ring ge-
kauft, auf dem einfach nur NEIN steht. Der erinnert
mich jetzt, wenn es mal wieder anstrengend wird.

von Anja Goerz
Autorin, Moderatorin, Podcasterin

NEUGIER

Ich hätte damals nicht beschreiben können, was mich hat durchhalten lassen. Ich steckte mitten in einer tiefen Depression mit Klinikaufenthalt und allem Drum und Dran, mein aktiv gepflegter Freundeskreis war mittlerweile reichlich übersichtlich und auch sonst gab es wenig Erbauliches zu vermelden. Es dauerte Monate, bis ich mich wieder halbwegs berappelt habe, und noch mehrere Jahre, bis ich von mir sagen konnte, dass ich mich dauerhaft stabil halten kann. Es waren anstrengende Jahre, die ich in vielen Phasen als „Durchhalten" beschreiben würde, aber es war mehr: Neugier.

Ich hatte vor allem in der Akutphase meiner Erkrankung überhaupt keine Ahnung, was „dahinter", also hinter diesem Schleier aus Schwermut und Gedankenüberflutung kommen wird, und auch keine „Kapazitäten", mir irgendwas auszumalen. Ich war damit beschäftigt, einen banalen Tagesablauf auf die Reihe zu bekommen, aber die Neugier war unterschwellig immer dabei, was da sein wird, von dem ich noch nicht weiß. Sie war – das merkte ich erst im Lauf der Zeit – auch das, was mich trotz allem noch angetrieben hat.

ICH FING DAMALS AN, DINGE ZU TUN, VOR DENEN ICH ANGST HATTE. Es hätte ja ohnehin nur noch besser werden können, egal, wie es ausgehen würde. „Dahinter" kam auf verschlängelten und nicht planbaren Wegen ziemlich viel: Menschen, Erlebnisse, Einzigartiges. Ich bin den Jacobsweg gelaufen, stand während eines Konzerts auf und hinter der Bühne der Parkbühne Wuhlheide und habe ein Konzert von Kai Lüftner und das Team fotografiert, ich habe eine Familie gegründet, eine Zeit lang eine kleine Talkshow co-moderiert und produziert, habe ein Buch herausgebracht, für das ich Schauspieler:innen fotografiert und interviewt habe und noch vieles mehr.Seit diesen Jahren habe ich nicht nur meine Neugier bewusst wiederentdeckt, sondern auch ein Faible für scheinbar ausweglose Probleme entwickelt. Als unsere Tochter eingeschult wurde, dachte ich mir, dass ich mich an der Schule als Elternvertreter einbringen möchte, weil das Schulwesen elterliche Unterstützung braucht. Ein Fass ohne Boden. Mittlerweile bin ich nicht nur Elternvertreter in sprichwörtlich allen möglichen Gremien von der Schule bis in die Landesebene, netzwerke, setze Impulse und fordere die Verwaltung heraus, sondern bin auch unter die Podcaster gegangen und lade mir wöchentlich Leute zum Gespräch ein, die im und am Bildungswesen arbeiten. Neulich war die Bildungssenatorin zu Gast. Es ist zeitintensiv, anstrengend, oft frustrierend und wird nicht selten sehr spät abends, aber eines bleibt: die Neugier auf das, was für Kinder, Eltern und alle Beteiligten kommt, wenn der Kahn keine Schieflage mehr hat. Es kann ja fast nur besser werden und das ist doch schon mal was.

von Marco Fechner
Vater von zwei Kindern, Ehemann, Berlin-Pankower, gelernter
Verwaltungsfachangestellter, Fotograf, Podcaster, Mützenträger und
glücklicher Inhaber eines Berliner Dialekts

ZEHN SINNLOSE DINGE VERKAUFEN UND DEN GEWINN VERSCHENKEN

Jaja, höre ich Sie sagen. **NUR WER HAT, DER KANN.** Aber halt! Abhängig vom immer benötigten (Klein-)Geld geht es hierbei erstmal vor allem um eines oder um zehn die sinnlosen Dinge nämlich.

Sie würden sich wundern, was allein aus einer einzigen Schublade an Sinnlosem zutage tritt. Selbst nach mehrfachem Umziehen und Auswandern, dem permanenten Reduzieren und Verkaufen auf Flohmärkten – die unnützen Dinge stapeln sich in beinahe jeder Ecke. Mindestens aber in sieben bis achtundzwanzig Kartons und Kisten auf dem Dachboden.

Die letzte Aktion war ziemlich simpel. Wir haben auf einem Stand in einem der hier in Dänemark üblichen „Klungser" (Gemeinschafts-Läden, in denen man als Otto-Normal ein Regal mieten und dann dort sein Zeug verkaufen kann) alle Kartons aufgelöst und, damit wir nichts wieder ins Haus schleppen mussten, alles auf zwei große Kisten verteilt für ein paar hundert Kronen jeweils „All-In" verkauft.

Die erlösten Kronen sind dann direkt über Mobile-Pay an einen kleinen uns bekannten Tierschutzverein geflossen. Es war so einfach und … schön irgendwie. Keine Kisten mehr im Haus und das Gefühl, drei oder vier Packungen Welpenfutter am anderen Ende der Welt finanziert zu haben.

DAS, MEINE DAMEN UND HERREN, IST DURCHHALTEN PLUS: DAS WEITERGEBEN.

Unabhängig davon, dass ich mir natürlich auch noch ne dringend benötigte Kette für meine Motorsäge hätte kaufen können …

ZÄHLEN

Ich bin, punktuell gepeitscht von Insomnia, mehr oder weniger zufällig aufs Zählen gekommen. Ja, anfangs waren es die ominösen Schafe, die auf eine imaginäre Wiese visualisiert über einen ebenso imaginären Zaun hüpfen sollten. Was sie bei mir nie taten. Sie rannten durcheinander, begannen zu kämpfen oder legten sich auf den Rücken und in besonders nervigen Momenten zählten sie sich selbst und brachten mich immer wieder raus.

Aber eines Tages war ich wandern, auf einem sehr matschigen, schwer zu laufenden Untergrund, zum Regen, mit Gegenwind und einem schweren Rucksack auf dem Buckel. Und ich begann meine Schritte zu zählen. Es entstand ein Rhythmus, einer, der mich vorantrieb und eine Melodie mit sich brachte. Ich war so fokussiert aufs melodische Zählen, dass die widrigen Umstände beinahe vollkommen nebensächlich wurden und in der Bedeutungslosigkeit verschwanden. Da waren nur ich und die Zahlen. Bei (ich bin mir ziemlich sicher) 9466 war ich am Auto angekommen. Durchnässt bis auf die Knochen, mit vier Kilo Matsch an jedem Schuh und total erschöpft. Aber ich hatte durchgehalten. Mit Zählen.

SCHNEEMANN BAUEN

Es gibt Tipps und es sind nicht wenige, die benötigen gewisse
Rahmenbedingungen. Dieser zum Beispiel: Er braucht Schnee.
Es ist keine Woche her, da hat es (Ende November 2022) hier auf
meiner Insel in einem Maße geschneit, wie ich es seit Kindertagen
nicht mehr erlebt habe. Nicht falsch verstehen, wir sind jedes Jahr
eingeschneit, Zuwegungen sind unpassierbar und vor der Ausfahrt
türmen sich Schneemassen. Aber diesmal war da ein anderer Schnee.
Keine matschig-klumpige Pampe, die eigentlich nur verhindert, dass
das Eis darunter schmilzt, sondern Märchenwald-Pulverschnee.
Ein absoluter Traum aus Licht und Beschaffenheit. Die Augen
schmerzten, so weiß und weit war es, und alles war dermaßen
bedeckt, dass man das Gefühl hatte, sich in einem schallisolierten
Raum zu befinden. Und in dieser Atmosphäre baute ich mit
meinem Sohn einen Schneemann.
Es gab nichts anderes, nur uns drei.
Wir waren vollkommen gefesselt von Gesprächen über Kugelgröße,
Nasenpräferenzen, Schneegeschmäckern, vom Staunen, Rumalbern –
vom Schneemann bauen.
Es war das pure Glück. Der Stress der letzten Tage weg!
Am Ende stand da ein prachtvoller, aus Liebe und Schnee
geborener Schneemann, der schönste der Welt und alles war gut.

> *Also mein Tipp: Nutzen Sie die Gunst der Stunde.*
> *Wenn die Rahmenbedingungen stimmen, machen Sie was draus!*

DURCHHALTEN

VERSUS

ANPASSUNG

Das Leben besteht bekanntlich aus einer Vielzahl von Paradoxien, deren Meisterung nicht selten über Glück und Unglück entscheidet. Wie gelingt es zum Beispiel, unsere Kinder in ein autonomes Leben zu entlassen und sie gleichzeitig ans Elternhaus gebunden zu halten? Wie gehen wir mit paradoxen Phänomenen um, zum Beispiel im Umgang mit Ressourcen, dem Erzielen kurzfristiger Gewinne und der Erhaltung eines langfristigen Nutzens? Für ein erfülltes Leben brauchen Menschen die Übung im Umgang mit solch paradoxen Phänomen. Das bedeutet, sie ausbalancieren und in Balance halten zu können.

Das Durchhalten stellt eine Eigenschaft dar, die mit einer hohen Leidensfähigkeit und Frustrationstoleranz einhergeht. Beim Durchhalten frieren wir quasi ein in einen Zustand der Erstarrung und ertragen die Umstände in der Hoffnung, dass es irgendwann besser wird. Diese Eigenschaft ist aus der Sicht der Evolution der positiven Selektion nicht zuträglich. Die Natur harrt nicht aus, sie passt sich an! Und der Mensch hat in seiner Evolution gelernt, sich an allerlei Veränderungen der Lebensbedingungen erfolgreich anzupassen. Sonst gäbe es uns gar nicht mehr, wir wären wie die Dinosaurier ausgestorben. Unsere vielseitige Anpassungs- und Paradoxiefähigkeit macht uns aus! Anpassung erfordert Flexibilität, Kreativität und Elastizität im Denken, Fühlen und Handeln. All diese Fähigkeiten stehen im Zustand des Aus- oder Durchhaltens nicht oder nur sehr eingeschränkt zur Verfügung.

Durch die Geschehnisse der letzten drei Jahre, das tägliche Gucken auf Infektions- und Inzidenzzahlen, das mantramäßige Wiederholen von Bedrohungs-meldungen, wurde unsere Gesellschaft in eine nahezu alle Bereiche umfassende kollektive Hypnose versetzt. Da scheint **AUSHALTEN UND DURCHHALTEN** zuweilen die einzige Möglichkeit der Adaptation. Um uns jedoch frei und lebendig zu fühlen, müssen wir uns an die dem Menschsein ureigene Fähigkeit der Anpassung erinnern, daran, kreativ, flexibel und elastisch auf die Kontextbedingungen zu reagieren. Es ist Zeit aufzuwachen!

von Michael Haensch
Arzt, systemischer Therapeut,
Menschenkenner

SPARRING

Zwei Menschen stehen sich gegenüber.

An einem Ort, der Regeln vorgibt. Und Respekt.

In einem Ring, Oktagon, auf einer Matte …

Sie tragen Tief- und Mundschutz, Handschuhe …

Ein Gong beendet die Ruhe vor dem Sturm …

Adrenalin pumpt den ersten Schlag aus der Schulter,

lässt direkt danach die Deckung vors Gesicht ziehen …

Hände prasseln nieder …

Man versucht den Überblick zu bewahren,

den Atem zu regulieren, anzuwenden, was man zu wissen glaubt,

sich zu verteidigen …

Es ist ein über die Runden kommen,

durch die Deckung sehen, weitermachen …

Ein Durchhalten. Beendet von einem Handshake.

APRILSCHERZ
AUSDENKEN

Meine Frau und ich haben eine gemeinsame Freundin. S.
Eine tolle Frau. Es würde den Rahmen dieses Buches sprengen,
sie und ihre besonderen Charaktereigenschaften zu beschreiben.
Sie hat eine Art Macke oder, anders formuliert, besondere
Eigenschaft.
Sie denkt sich jedes Jahr einen besonders fiesen, witzigen,
besonderen Aprilscherz aus. Für irgendjemanden in ihrem
Dunstkreis. Dieser Kreis ist größer geworden, weil die näheren
Familienmitglieder oder Freunde am **1. APRIL** bereits darauf
vorbereitet sind, ihr nichts zu glauben. Man könnte behaupten,
ein Großteil ihres Seins ist darauf ausgerichtet, sich Aprilscherze
auszudenken und einfach nur so lange durchzuhalten, bis sie
endlich wieder einen größer, gigantischer, witziger und
fantasievoller als den letzten platzieren kann.
Passion Durchhalten in Reinform!

WEN RUFST DU AN?

ACHTUNG, WICHTIGE INFORMATION VORAB:
KAI LÜFTNER IST EIN ENGEL. Ich weiß es. Ich hab ihn schon
als solchen besetzt. Für mich trägt er in dieser Funktion den
Namen Odin.
Bei Kummer aller Art rufe ich meinen Freund und Engel Kai an.
Und jedes Mal hat's geholfen.
Ich glaube (und hoffe), andersrum funktioniert der Zauber auch.
EIN GUTES GESPRÄCH mit der oder dem Richtigen ist auf
Augenhöhe mit Knutschen und Tanzen und Dankbarkeit und Ruhe
und Gelassenheit, I swear!
Wen rufst du an?

Von Annette Frier,
Schauspielerin, Regisseurin, Freundin von Kai

EINFACH SO
ALTE FREUNDE ANRUFEN

Im Zuge eines Buch-Projektes habe ich mit Menschen aus meiner Vergangenheit telefoniert, gezoomt, gewhatsappt und/oder sie persönlich getroffen. Aus allen Zeiten. guten und schlechten. Fernere, ganz ferne und nahe Vergangenheit.

Ich kann Ihnen kaum beschreiben, wie mich das umgerührt hat. Das lag auch am Thema des Buchprojektes, aber vor allem an den wieder aufgenommenen Kontakten.

Einige dieser Menschen habe ich Jahrzehnte nicht gehört, gesehen oder gesprochen. Selbst mit Social-Media nicht. Sie waren einfach aus meinem Leben verschwunden.

Allein jetzt hier darüber zu schreiben, öffnet so viele kleine Erinnerungsfenster es ist verblüffend.

Auch wenn ich damals mit einem bestimmten Grund den Kontakt aufnahm, war es wie eine Reise in eine vergessene Welt. Jedes Mal. Und auf Basis eben dieser Erfahrung habe ich mir vorgenommen, es immer mal wieder einfach so zu tun. Und ich tue es.

Kommt mir jemand Bestimmtes in den Sinn, hinterfrage ich nicht das Warum, sondern schaue, ob und wenn dann wie ich ihn/sie erreichen kann. Das ist trotz meiner gemachten Erfahrungen auch immer wieder ein kleiner Kampf, aber ich führe ihn gern.

Es bereichert mich. Es überrascht mich. Positiv oder negativ.

Es ist der Inbegriff des kästnerschen Spruches: **ES GIBT NICHTS GUTES, AUSSER MAN TUT ES! ICH TUE ES.** Und kann Ihnen nur empfehlen, es auch mal zu probieren. Gerade Menschen aus unserer Vergangenheit haben uns fehlende Erinnerungs-Fragmente, die sich meist spannend und inspirierend zu einem mehr oder weniger Ganzen zusammensetzen lassen.

Ich empfehle Ihnen, nicht mit der oder dem Ex anzufangen, mit der/dem Sie in einer Blutfehde auseinandergegangen sind und dereinst das Land verlassen haben aber sonst gibt es eigentlich keine Regeln.

SPONTAN
BESUCH

In Berlin lebend habe ich vermutlich Wochen damit verbracht, mich mit Menschen Business oder privat zu verabreden. Meist mutierten unzählige Mails, Anrufe, Whatsapp-Nachrichten zur Terminkoordinierung dann zu einem zwanzigminütigen Kaffee zwischen zwei anderen Verabredungen irgendwo.

So weit so schlecht.

Ich hab das ehrlich gesagt schon immer gehasst und diese Treff-Kultur nur übernommen, weil es eben normal war.

Hier ist das anders. Hier kommt man einfach vorbei. Oder man geht vorbei. Hat der andere keine Zeit, ist das kein Problem. Die meisten Menschen haben Höfe und verschiedene damit einhergehende Verpflichtungen. Es ist immer was zu tun, aber eben meistens auch Zeit für einen Kaffee, Bier … Oder ein Stück Kuchen. Oder gleich Abendbrot.

Kein Witz, hier hat es der Spontanbesuch zur Kulturform gebracht. Keine ewigen Verabredungen, sondern Direktkontakt.

Meistens bleibt man tatsächlich länger und ich habe dadurch mit Menschen, die ich schlechter kenne als meine langjährigen Bekanntschaften in Deutschland, weitaus intensivere Zeit verbracht und vor allem war die Qualität der gemeinsam verbrachten Zeit eine ganz andere. Aus „Ich wollte nur mal etwas Kaffee oder Zucker leihen" wurde ein Abendbrot oder ein dreistündiger Gartenrundgang. Normal.

Das Angenehmste dabei ist, dass ich mir die (vielleicht) typisch deutsche Marotte des schlechten Gewissens, wenn ich selber mal keine Zeit hatte, extrem schnell abgewöhnt habe. Dafür gibt es keinen Grund. „Tag for sidste!" Danke für letztens, sagt man hier. Und meint damit unter anderem das gemeinsame Bier am eben mal entzündeten Lagerfeuer.

Was das mit Durchhalten zu tun hat? Alles! Denn immer häufiger mache ich diese Besuche ohne einen mehr oder weniger vorgeschobenen Anlass, sondern einfach nur so, wenn mir danach ist!

TANZEN

Wer mich kennt, wird diesen Tipp möglicherweise als peinlich empfinden. So sei es, hätten wir das auch hinter uns. Aber ich kann den Effekt von ausgelassenem „Tanzen" *(in Anführungszeichen, weil es für diese Art Bewegung keine Definition gibt)* zu viel zu lauter, bestenfalls schnulziger und emotional aufgeladener Lieblingsmusik gar nicht hoch genug aufhängen.

Ob im Regen auf der Wiese, verheult vor dem Spiegel im leeren Wohnzimmer oder auch schon am Strand mit Kopfhörern ich liebe tanzen. **ES HAT MICH ÖFTER GERETTET ALS DIE MEISTEN ANDEREN TIPPS ZUSAMMEN.**

Ob es die Bewegung an sich ist, die Zeit mit sich selbst, das Zulassen von Emotionen oder eine Mischung aus allem – egal. Wenn ich am Ende bin, tanze ich!

> *Probieren Sie es aus: Musik laut, Kopf aus, fallen lassen! Wirkt!*

NIMM DEINE BEWERTUNG RAUS
FÜHLE ALLES

Mein wohl größter Game-Changer, wirklich eine Art Augenöffner auf das Thema „Gefühle", war das Buch „Ungezähmt" von Glennon Doyle, einer außergewöhnlich mutigen Frau. Sie schreibt dort sinngemäß: Der Sinn des Lebens ist nicht, sich immer glücklich zu fühlen, sondern ALLES zu fühlen. Dieser Satz, so einfach und banal, hat für mich so viel verändert, und ich versuche hier, die Essenz und meine Wahrheit für dich zusammenzufassen.

Ich muss dazu leider etwas weiter ausholen. Also: Menschen sind fühlende Wesen, und vielleicht sind wir nur aus dem Grund hier auf der Erde, um verschiedene Erfahrungen zu machen, uns zu erfahren, das Leben zu fühlen, lebendig zu sein. Unser System kann nicht unterscheiden, ob ein Gefühl gut oder schlecht ist: **LIEBE, FREUDE, LEICHTIGKEIT, NEID, SCHAM, TRAUER, WUT, EKSTASE** … für unser System ist das „nur" Energie. Erst durch unsere Bewertung wird diese Energie gut oder schlecht und damit erwünscht oder unerwünscht.

Die guten Gefühle, wie Glück und Freude, wollen wir alle fühlen, aber Traurigkeit und Ohnmacht? Hm, bitte nicht. Diese Emotionen versuchen wir zu vermeiden, und wenn sie doch auftreten, sie schnellstmöglich wieder loszuwerden. Was passiert also in unserem Körper, wenn wir bestimmte Gefühle unterdrücken? Wir machen grundsätzlich einen Deckel auf das Thema Emotionen. Wir fahren sie runter, damit es nicht so wehtut. Oder wir lenken uns ab. Durch Social Media, einkaufen, essen, arbeiten, beschäftigt sein eben. Die Krux an diesen Strategien ist, dass wir damit auch alle „guten Gefühle" deckeln und betäuben, weil eben unser System nicht zwischen verschiedenen Emotionen unterscheiden kann. Wir können also auch Freude und Dankbarkeit immer weniger fühlen. Als ich das verstanden hatte, hat sich meine Sicht auf das Thema „Gefühl" grundsätzlich verändert. Ich habe mich gefragt: Will ich mich betäuben und immer auf Abstand gehen, nur aus Angst, verletzt zu werden? Nein, das kann es nicht sein.

Was also tun? Ich habe mich dazu entschieden zu lernen, wie ich ALLE meine Gefühle halten und fühlen kann, und zwar, ohne sie zu bewerten. Auch die schweren. Das ist ein Weg und er ist manchmal schwer. Ich lerne auch heute noch jeden Tag dazu. Der erste Schritt war aber genau diese Entscheidung, dass ich offen und lebendig sein möchte, dass ich Liebe und Dankbarkeit tief und ehrlich fühlen will, wenn ich zum Beispiel mit meinen Kindern bin. Genauso wie Angst, Neid und Wut. Weil ich will, dass auch ihre Ängste und ihre Wut und die Traurigkeit Platz bekommen und sein dürfen. Und ich habe verstanden, dass ich nichts „falsch" gemacht habe, wenn ich mich nicht glücklich fühle. Dass hinter jedem Gefühl ein Geschenk liegt. Wenn ich wütend werde, wurde meine Grenze überschritten. Wenn ich Angst habe, dann ist mir etwas wirklich wichtig und ich darf für Sicherheit sorgen. Heute weine ich, wenn ich traurig bin, und schreie, wenn ich wütend bin. Und wenn ich das Gefühl lange genug gefühlt habe, dann verlässt es mich wieder. Einfach so und ganz von alleine und zurück bleibt pure Gnade.

> *„Gefühle sind dazu da, gefühlt zu werden. Alle. Auch die harten. Das Geheimnis lautet, du machst alles richtig, und alles richtig zu machen, tut manchmal weh." Glendon Doyle*

von Anita Neumann
Coach, Mentorin und Wegbegleiterin für gelebte und verkörperte
Weiblichkeit, Ritualarbeit und Retreats

SEX

RAUS AUS DEM KOPP, REIN IN DEN KÖRPER. So vielleicht.
Oder auch ganz anders. Aber, wenn Sie mich fragen:
Sex hat das Zeug, wirre Gedanken zu sortieren, schlechte Gefühle
zu vertreiben und Unaussprechliches zu formulieren.
Und es sei denn, es gehört zum Vorspiel, viel mehr Worte sollte
man hier gar nicht verlieren. **MACHEN!**

DON'T USE DRUGS –
GET HUGS!

DURCHHALTEN ...

Letztlich ist es deine Selbstwahrnehmung, die dir wie ein kleiner Troll, auf dessen Türklingelschild in fetten Lettern „Saboteur" steht, das Leben schwer macht. Nichtsdestotrotz wird ein sich real anfühlendes Emotionsszenario kreiert, dass sich mächtig breitmachen und dir deinen Tag versauen kann.

Davon könnte ich ein Lied singen, wobei wir schon beim ersten Tipp wären: Singe was. Hauptsache laut. Befreit ungemein. Wenn's gut läuft, kannst du sogar Geld damit verdienen …

In schlechten Phasen ist dein Kopf nicht dein Freund. Freunde sind nur die Leute, denen du vertraust. Sprich mit deinen Freunden offen und ehrlich. Bei denen darfst du jammern, sonst wären es nicht deine Freunde.

Fazit: Höre nicht auf deinen Kopf.

Apropos Vertrauen: Habe es. „Et kütt wie et kütt un es is no immer joot jejange!" Lass dir das vom Rheinländer deines Vertrauens übersetzen.

Don't use drugs – get hugs! Die medikamentöse Behandlung von schlechten Gefühlen mit Medikamenten, Drogen und Alkohol bitte nur unter ärztlicher Aufsicht. Ich weiß, wovon ich rede, und kann auf Umarmungen als den deutlich nachhaltigeren Weg verweisen.

von Matthias Schlesinger
Schlesinger Events

DUMMES ZEUG QUATSCHEN

Absurderweise habe ich gestern erst gelesen, dass es ein Beleg für hohe Intelligenz sei, wenn man in der Lage ist, dummes Zeug zu quatschen. Da stand dieser Tipp aber bereits seit Monaten in meinen Notizen – darauf wartend, in dieses Buch aufgenommen zu werden.

Sie können ja mal nachzählen, wie viele Menschen Ihnen einfallen, mit denen Sie in der Lage sind, einfach nur dumm zu quatschen. Bei mir sind es über den Daumen acht.
Und ich glaube, ich bin da eher eine Ausnahme, da ich das seit Jahren praktiziere. Manchmal, um meiner Überforderung in Alltäglichkeiten zu begegnen, manchmal aus meinem nicht zu leugnenden Interesse an Stumpfsinn!
Es ist so unfassbar befreiend, einen Konterpart zu haben, der nicht beleidigt ist, sondern bei dem etwas gekitzelt wird, wenn man ihm unvermittelt sagt, dass er ja noch ein Stück hässlicher als beim

letzten Mal geworden sei und man sich frage, ob der Geruch, den er verströmt, eigentlich chronisch ist.

Oder sowas eben.

Was bei neunundneunzig Prozent der mich umgebenden Menschen für Überforderung sorgen würde, löst bei diesen speziellen Freunden eine Art Wettkampffieber aus. Es ist eigentlich ein bisschen sowas wie ein Gesellschaftsspiel, nur ohne Brett und Regeln.

Man kann es per SMS, per Mail oder im Direktkontakt spielen. Jederzeit. Nachts um drei eine Nachricht zu erhalten, in der man gefragt wird, ob man den Typen eigentlich schon angezeigt hat ... Welchen Typen? Na den, der dir mit der Planierraupe übers Gesicht gefahren ist ...

Das macht das Leben so viel wert- und gehaltvoller. Das holt mich so dermaßen unmittelbar aus schlechten Stimmungen oder triefend-schwarzen Gedanken heraus, wie es kein Medikament vermag.

Sortieren Sie mal durch, wer da in Ihrem Umfeld ist, und dann los. Quatschen Sie dämlich. Lassen Sie es raus und zu. Jemand, der auf sowas anspringt, egal wie ernst das Thema gerade noch gewesen sein mag, der ist Gold wert.

SECHSUNDSIEBZIGSTER TIPP

EINE ONLINE-SAFARI MACHEN

Twitter, Facebook und Co. können einen ganz schön runterziehen. Der Ton ist rau, die Themen oft deprimierend. Wenn ich mal wieder zu viel negativen Input bekomme – auch im „echten Leben" –, besinne ich mich auf die friedlichsten und niedlichsten Lebewesen des Planeten (neben Babys): Tiere. Meine Stimmung hebt sich durch nichts schneller als durch eine Online-Safari. Nicht umsonst hat das Video „Cute Animals for when you are stressed" achtundzwanzigmillionen Aufrufe bei YouTube.

Hier kommen meine Top-Empfehlungen für Tiere, die einem beim Durchhalten helfen, quasi digitale Assistenztiere: Großartig sind Videos von Ottern (ja, die Mehrzahl musste ich mir auch „ergoogeln"). Otter sind toll! Sie schmusen nämlich unfassbar gerne und wenn sie sich im Wasser auf dem Rücken treiben lassen, halten sich Pärchen an den Pfoten, damit sie nicht voneinander wegtreiben. Wie süß ist das denn bitte?

Gute Laune gefällig? Dann checkt die australischen Quokkas aus, die aussehen, als ob sie immer lächeln. Von denen kann man sich auch einfach ein Bild ausdrucken und an den Laptop, an den Spiegel, an die Kühlschranktür hängen. Besonders entspannend sind Videos von badenden Capybaras (Wasserschweinen), die aussehen, als würden sie ein romantisches Wellnesswochenende verleben. Da bekommt man direkt selbst Bock auf ein wohltuendes Bad. Wenn man mal wieder herzhaft lachen möchte, dann empfehle ich meine ultimative Lieblingscompilation auf YouTube „Goats yelling like Humans", und der Titel beschreibt eins zu eins, was zu sehen und zu hören ist: Ziegen, die wie Menschen schreien. Herausragend! (Nicht gefaked.) Und zu guter Letzt drehen wir den Spieß um und schauen uns Menschen an, die sich wie Tiere benehmen: Mit dem Künstlerkollektiv MisterEpicMann und ihrem hunderteinundvierzigmillionen Mal geklickten Video „How Animals eat their Food". Probiert das mal beim nächsten Restaurantbesuch aus. Das sorgt sicher für gute Stimmung ☺ Viel Spaß!

Von Julia Gámez Martín
Comedienne, Sängerin und Schauspielerin

KARAOKE

Nein, ich meine damit nicht eine ballermanneske Sauf-Bar auf
Malle oder in irgendeinem brandenburgischen Dorf. Ich meine
das wahre, mach-dich-nackig-Karaoke, das man mit einem dieser
USB-Mikros direkt zu Hause auf dem Sofa zelebrieren kann.
Mein letzter Geburtstag spielte mir eines dieser Höllenwerkzeuge
in die Kiste der mittelfristig wieder zu verkaufenden Gegenstände
und entpuppte sich auf den zweiten Blick dann doch als
Super-Durchhalte-Tool.
Man verbindet es mit dem Handy und Spotify und ab geht die
wilde Fahrt. Selbst der momentan alles, was wir peinlichen
Erwachsenen cool finden, dissende Lüftnersche Teenager konnte
sich dem Sog nicht entziehen. Und so entstanden, nicht nur
einmal, Situationen, die sogar weit mehr als Durchhalten waren.
Es waren produzierte Erinnerungen, Momente, die einander
verbinden und über die immer wieder über jeden von uns
hereinbrechenden Alltagsnervigkeiten das sanfte Tuch eines
gemeinsamen ausgelassenen Lachens legen. Ich kann es empfehlen:
Familien-Karaoke.

DURCHHALTEN MIT DER FAMILIE

Wer glaubt, es geht immer nur bergauf, das Leben sei immer nur gut, der irrt. Ein permanentes Auf gibt es nicht. Schön wäre das vielleicht, immer glücklich und froh zu sein, aber das wäre weltfremd. Die Welt funktioniert nur durch Bewegung, Schwingungen, Frequenzen, durch das Auf und Ab. Es gibt kein voll ohne leer, kein rechts ohne links, kein oben ohne unten, kein laut ohne leise, kein nah ohne fern. Und so, wie die Amplituden in Physik, Musik, Chemie, Astronomie ihre Daseinsberechtigung haben, verläuft das menschliche Leben ebenso.

Und so setze ich voraus, dass jeder von euch Erfolge und Misserfolge, schlechte und gute Erfahrung, erbauliche und niederschlagende Situationen fabriziert oder eingesackt hat. Jeder sollte schließlich aus den Folgen und Erfahrungen gelernt, verstanden und erkannt haben, dass die kleinste und sicherste Gesellschaftszelle die Familie ist. Freunde sind selbstverständlich wertvoll, Freunde können ein Leben lang Berater und Begleiter sein.

Die Familie hingegen ist noch mehr. Die Familie ist nicht nur eine strukturelle Institution, sondern ein komplexer, emotionaler und sicherer Ort für verschiedene Generationen, die füreinander Liebe, Respekt, Würde, Anstand sowie einen Hauch von Demut empfinden und stets füreinander da sein werden. In guten (*und noch viel wichtiger*) wie in schlechten Zeiten. Und genau darauf kommt es an. Wer imstande ist, seiner zweiten Hälfte zuzuhören, und wer imstande ist, seinen Kindern eben diese größten Werte als Maxime und Tugenden auf den Weg zu geben, der wird dank seiner Familie nach dunklen wieder sonnige Tage erleben.

von Stumpen
Sänger von Knorkator, Deutschlands meiste Band der Welt

GESELLSCHAFTSSPIELE

Keine Ahnung, wie das bei Ihnen ist, aber in unserer Familie ist man den Großteil der Zeit damit beschäftigt, irgendetwas zu organisieren. Die Wege der Kinder von A nach B und zurück, die Essenswünsche besorgen und zubereiten, wegräumen und vor allem die Bedürfnisse der Kinder koordinieren, die altersmäßig acht Jahre auseinanderliegen.

Man kann zusammenfassen: Der eine geht ins Bett, wenn der andere wach wird. Ach ja ... arbeiten müssen wir Freiberufler ja auch noch irgendwann. Aber das vernachlässige ich an dieser Stelle mal schnell.

Ich arbeite ja im Moment auch nicht wirklich, ich sitz ja nur hier und schreib bisschen was ... ☺

Jedenfalls hat sich herauskristallisiert, dass es, wenn die Stimmungen aller Beteiligten auf einem weitestgehend ähnlichen Breitengrad zusammentreffen, eine gute Idee ist, ein Gesellschaftsspiel zu spielen. Sie können die Geschichte möglicherweise zu Ende denken und all die Fallstricke und speziellen Herausforderungen erahnen, wenn man versucht ein Vorschulkind mit einem Teenager zu kombinieren, aber wirklich, es geht.

Mensch ärgere dich nicht! dauert sicher in dieser Konstellation etwas länger und UNO oder Kniffel erfordern irgendetwas zwischen Langmut und Nerven aus Stahl, aber echt, es funktioniert.

Und meistens (*zugegebenermaßen nicht immer*) hat man danach dieses wohlige Gefühl, nicht nur miteinander Zeit verbracht, sondern auch etwas über sich und die anderen verstanden zu haben.

In weniger kniffligen Konstellationen mit Freunden, Altersgenossen oder Bekannten, die möglicherweise ähnliche Vorlieben teilen, hat das klassische Gesellschaftsspiel oder Brettspiel darüber hinaus noch einige weitere nicht zu unterschätzende Vorteile. Man agiert und kommuniziert direkt, auf Augenhöhe quasi, nimmt sich Zeit füreinander. Gesellschaftliche Minimalanforderungen passieren wie nebenbei und so zumindest der hehre Wunsch: Man hat Spaß. So ganz einfachen und unverblümten Spaß, der dazu beitragen kann, dass all das, was einen auf den Nebenschauplätzen des Lebens umtreibt oder sorgt, ein wenig vergessen wird. Dafür kann man schon mal mit diebischer Freude dreimal hintereinander dieselbe Spielfigur vom Feld pfeffern oder jemanden beim Monopoly ruinieren …

> *Als Schlusssatz: Dieser Tipp ist eine Hommage an das Gesellschaftsspiel und vor allem an das, was sich bestenfalls in seiner Peripherie an sozialer Interaktion ergibt!*

LEGOTURM BAUEN

Nein, das ist nicht dasselbe wie Steine stapeln. Nicht einmal ansatzweise. Während es beim Steinestapeln um die Ruhe, den Moment des Nicht-Denkens und um irgendeine Art von Achtsamkeit geht – muss es beim Legoturm bauen krachen! Laute Musik, Chaos im Kinderzimmer, Kreisch-Attacken und Schnoddernase. So hoch wie möglich und dann einstürzen lassen. Das Zerstören des mühsam aufgebauten feiern! Und dann gleich nochmal! **DURCHHALTEN MUSS NICHT IMMER LEISE SEIN. ES DARF AUCH BALLERN!**

F*CK FEAR, LET'S DANCE, DEAR!

Viel zu oft lähmen uns unsere gesellschaftlich hochgradig beeinflussten Gedankenscheißerchen mit Aussagen wie: „Das macht man doch nicht." oder „Was denken dann die anderen bloß von mir?" und vieles mehr. Wir zerdenken, verkopft wie wir sind, Situationen und Chancen, die so nicht wiederkommen werden. Erlebe ich eine Situation, in der ich genau spüre, wie mein Herz vor Aufregung hüpft und jede Faser meines Körpers schreit: „Wie geil, bin dabei!", ich aber gleichzeitig merke, wie mein spielverderberischer Verstand seine Aufgabe, eine Risikobewertung im Sinne von: „Ja, aber wenn wir es nicht machen, kann uns auch nichts passieren." vorzunehmen, mal wieder vollkommen übertreibt, nutze ich einen kleinen, aber feinen und effektiven Trick aus dem Coachingbereich: Ich stelle mir entweder vor, was mein 16-jähriges Ich in so einer Situation zu mir sagen würde, diese junge, freiheitsliebende, risikobereite Person mit der Grundhaltung „Lass ma machen. Könnte gut werden!" oder alternativ, was meine ältere, weisere Version mir raten würde. Würden sie ob meiner Zögerlichkeit genervt die Augen verdrehen und an meiner Stelle frohen Mutes loslegen? Würden sie mir liebevoll Mut machen und mich daran erinnern, dass es die verpassten Chancen sind, die Menschen bereuen? Denn wenn wir ehrlich sind, fühlen wir die Entscheidung doch lange, bevor wir sie fällen. Probiers doch auch mal …

von Chris Gust
Künstlerin, Autorin, Soul.care.
coachin, Mental-Health-Aktivistin,
Vollherzmama³, Mensch

BALANCIEREN

Es begann im Zuge meiner steigenden Yoga-Begeisterung und der gleichzeitigen Erkenntnis, wie unterentwickelt meine innere Muskulatur (Fachbegriff vergessen!) ist, mit einem dickeren Brett und einem etwa 20 Zentimeter langen Rundholz, das vom Bäumepflanzen übriggeblieben war.

Ich kombinierte beides, fühlte mich kurz wie der Kerl, der damals durch das Aufeinanderschlagen von zwei Steinen Feuer entdeckte, und stellte mich darauf. Etwa drei Sekunden. Dann fiel ich um. Sehr heftig.

Nach der darauf folgenden Zwangspause und den damit einhergehenden Zusatz-Yoga-Streck-und-Dehnübungen versuchte ich es ein zweites Mal. Diesmal mit Festhalten an der Kommode.

Es wurden sieben Sekunden und mein Ehrgeiz war geweckt.

Von da an stand ich regelmäßig auf dem Brett. Immer länger, immer souveräner, immer lieber.

Am Ende sogar mit Augen zu, Kopfhörern auf, Gespräche führend. Ich entwickelte eine Stabilität, die ich nie kennengelernt hatte.

MUSIK HÖREN

Kopfhörer auf, Lieblingsmusik an und raus in den Park.
Das hilft mir immer. Musik ist ein Alleskönner.
Auch beim Zeichnen. Ich könnte nicht ohne Musik zeichnen.
Oder leben.
ALLES IST BESSER MIT MUSIK.
Alles.

von Wiebke Rauers
Illustratorin

HEULEN

Im Laufe dieses Projektes ist mir klar geworden, was für einen Seelen-striptease ich hier veranstalte. Habe ich es über Jahre geschafft, nur eine ausgewählte Handvoll Menschen in mein Innerstes schauen zu lassen, oder Umwege über die Kunst genommen, um Themen zu umschreiben, die mir wichtig sind – hier bröckelt alles. Aber was soll's, auch wenn es anfangs nicht so gedacht war, das ist jetzt daraus geworden. Natürlich könnte ich rumheulen, und wissen Sie was? Vielleicht mache ich das auch genau jetzt! Als bräuchte es wirklich einen Grund zum Heulen! Ja, es gibt sie zuhauf, aber ehrlich gesagt finde ich das grundlose Heulen viel heilsamer. Und da bewegen wir uns wieder auf der dünnen Schale der Ernsthaftigkeit, die all das hier überzieht … Meine Fresse, ja! Ich heule so dermaßen grundlos, dass ich meinem großen Sohn so peinlich bin, dass er nicht mit mir ins Kino gehen würde, wenn auch nur eine einprozentige Chance besteht, dass ich heule. Also nie! Ich hab schon bei Flipper geflennt. Am Strand sitzend.
Auf der Hunderunde … **GERÜHRT, BERÜHRT, WOVON AUCH IMMER.** Und beim Pinkeln. Aber nicht vor Schmerz, sondern … ja, warum eigentlich?
Keine Ahnung! Ehrlich, ich weiß es nicht. Und wenn ich es irgendwann weiß, verrate ich es Ihnen vielleicht und schreibe ein Buch darüber. Vielleicht aber auch nicht.
So lange heule ich einfach weiter vor mich hin, wenn mir so ist, und genieße das irgendwie. So sehr es nervt, ich mag es auch.
Es ist wie Blumen gießen, die nie wachsen würden, wenn man nicht geheult hätte. Verstehen Sie? Ein Selbstzweck.
Durchhalten in salzig.
SCHLUCHZ.

MIT HÖRSPIELEN IN DIE HEILE WELT DER KINDHEIT ZURÜCKKEHREN

Wenn man das Gefühl hat, dass die Welt um einen herum zu anstrengend wird und man eine kleine mentale Auszeit braucht, hilft es mir, abends gemeinsam mit meinen Kindern ein schönes Hörspiel zu hören.

Ich mache das auch manchmal ohne die Kids, zum Beispiel, wenn ich koche oder das Haus aufräume. In dieser kleinen auditiven Auszeit fühle ich mich wieder wie damals als Kind, wenn ich entspannt in meiner „Deckenhöhle" saß und Bibi Blocksberg gelauscht habe. Die Erinnerung ist tief in meinem Herzen abgespeichert. Der Trend, dass sich Erwachsene gerne in ihre Kindheit zurückbeamen, ist scheinbar ein allgemein gesellschaftliches Phänomen, denn ich weiß von Freunden, dass sie gerne zum Einschlafen und Entspannen ihre Lieblingsklassiker der Kindheit hören. Mir helfen Hörspiele, in Kontakt mit einem inneren Kind zu gehen und die trubelige Welt um mich herum für eine Weile zu vergessen.

> *Danach fühle ich mich entspannt und auch ein wenig infantil und das ist ein tolles Gefühl.*

von Kerstin Grünert
Kindermarken-Expertin, Familienmensch, Gartenliebhaberin

MACH'N KOPP ZU!

Diesen Rat gebe ich vor allem mir selbst. Und zwar wirklich auf dieser Tonspur. Manchmal auch sehr guten Freunden. Letztere nehme ich dabei in den Arm und reiche fix ein paar erklärende Worte nach, damit die Ansage nicht falsch ankommt.

Wenn es ernst wird, fange ich an zu berlinern. Das passiert automatisch, ich denke, mein alter Dialekt erleichtert es mir, Sachen auf den Punkt zu bringen, die mir im Hochdeutschen zu maniriert oder laberig rüberkämen. Dieser Satz (*nicht mal vier Wörter!*) schafft das, wie kaum etwas anderes. Für mich subsumiert er in all seiner liebevollen Schroffheit eine Reihe von Dingen, von denen ich gelernt habe, dass sie mir helfen: Schon im Aussprechen stößt er mich mit der Nase darauf, mich selbst und meine Gedanken nicht so ernst zu nehmen. Und er ruft mir zu, meinen Autopiloten einzuschalten. Das ist sein Kern. Am besten gelingt mir das mit **WASSER**. Meer oder See sind ideal, rein da, mit Getöse (*oder ohne*) und – das ist zentral – Kopf unter Wasser, sonst wirkt es nicht.

Wenn die Temperatur es zulässt, schwimmen, und zwar schnell. (*Kopf runter, klar.*) Schwimmbad geht auch, Sauna ist top, zur Not sogar ne Dusche.

Ebenfalls wirksam: **WALD**. Schuhe an und los, Wetter ist wurscht, Schlendern keine Option, das richtige Tempo stellt sich von selbst ein.

Wichtig hier: Klappe halten, Begleitung darf mit, wenn sie schweigt.

Trigger Nummer drei ist **SINGEN**, laut. Anlage aufdrehen (*Kopp-Hörer halten einen in selbigem, Bauch und Herz brauchen Bass!*), Nase an die Box und mitgrölen, schmachten, heulen, was immer dran ist. Sollen die Nachbarn denken, was sie wollen.

Mein Sehnsuchtsextra im Kopp-zu-Programm sind **TIERE**. Mit einem Hund in den Wald, auf einem Pferd in eine andere Umlaufbahn. Und wenn der Körper flachliegt, eine schnurrende Katze aufm Schoß.

> *Schließlich diktiert der Satz auch das: Durch. Halten.*
> *Und nochmal. Und wieder von vorn. Jeht nich, jib's nich.*
> *Auch wenn's sich erstmal so anfühlen mag.*

von Susan Schädlich
Journalistin, Autorin, Wissensvermittlerin

ATME ...

Die Last ist schwer, es ist eng, ick bekomme keine Luft, kann mich nicht bewegen ... Die Situation scheint aussichtslos, der Druck zu groß, der Gegner zu stark! Dann eine laute Stimme von außen: „**ATME**, verdammt nochmal, bleib cool, denk an das Training!" Willkommen beim Brazilian Jiu-Jitsu! Eine Kampfkunst mit dem Schwerpunkt Bodenkampf. Dein Gegner liegt auf dir und macht dich im wahrsten Sinne des Wortes PLATT. Es ist nix Neues, was ick hier schreibe, aber genau dieses Atmen aus dem Training auf Alltagssituationen angewendet, hilft mir in Stresssituationen, cool, überlegt, strukturiert zu bleiben. Wenn neue Aufgaben bevorstehen, vor Konfliktsituationen, in Stresssituationen und eben auch beim Kampfsport in der Selbstverteidigung und so weiter ...

Es gibt verschiedene Praktiken, Techniken, Bücher darüber, wie man bewusster atmen kann. Wenn ick atme, schließe ick die Augen und atme bewusst *(das „bewusst" ist wichtig)* durch die Nase ein, fülle meinen Brustkorb mit Atemluft und lasse sie langsam durch den Mund wieder raus. Das Ganze wiederhole ich dann. Das tut gut und lässt den Puls runterfahren. Hilft auch super beim Autofahren, wenn man in der Stadt unterwegs ist!

Später kann man natürlich verschiedene Atemtechniken dem persönlichen Repertoire hinzufügen. Ick halte es ganz gerne einfach und versuche es in meinen Alltag einzubauen. Beim Training, Autofahren, bevor ick schlafen gehe, wenn ick mich mal ärgere oder neue aufregende Projekte anstehen. Manchmal atme ick bewusst, wenn ick irgendwo lange warte.

> *Wann, wie und wo, ist natürlich euch überlassen, aaaaaber: „ATMET, verdammt nochmal, und bleibt cool!"*

von Maurice „Mo" Wollny
Trainer für Gracie-/Brazilian Jiu-Jitsu, Selbstschutz und Selbstverteidigung

RADIKALE
AKZEPTANZ

Radikale Akzeptanz von dem, was ist.

Es ist das Gegenteil von dem, was man will, was man sich wünscht. Es verlangt das Commitment, den Schmerz zu fühlen, anzunehmen und die Situation ganz und vollkommen anzunehmen und erstmal nicht zu bekämpfen oder zu verändern. Akzeptiere alles, was du nicht verändern kann, und verändere alles, was in deiner Macht steht.

Das, meine Damen und Herren, ist radikales Durchhalten …

DANKBARKEIT

Ich bin ein sonniges Gemüt und sehe in allem immer auch das Positive. Trotzdem gibt es natürlich auch Phasen, in denen ich mich elend fühle und gerade nicht hier und jetzt sein möchte. In denen ich am liebsten weg wäre. Irgendwo, wo mich keiner kennt, wo ich keinen kenne. Leider funktioniert das im Alltag nicht.

Sehr oft ist der Auslöser für eine Unzufriedenheit nicht zu beeinflussen. Nicht selten aber können wir auf den Grad der Unzufriedenheit einwirken. **WAS MACHE ICH, WENN ES MIR SCHEISSE GEHT?** Eine ganz simple Frage, die ich mir in solchen Momenten stelle, ist: Hat dieses Problem in einem Monat noch Relevanz und was werde ich dann über dieses Problem sagen? Es belächeln? Mich vielleicht gar nicht mehr erinnern?

Manchmal sind die Trigger, die mich in die Unzufriedenheit schubsen, gar nicht der Grund für meine schlechte Laune, sondern ein Platzhalter. Ich mache seit 2014 täglich Sport und wenn mir das mal an einem Tag nicht gelingt, bekomme ich nach und nach immer schlechtere Laune, werde unzufrieden, Dinge fressen mich an. Warum? Ich spüre meinen Körper nicht mehr! Ich habe nach vierzig Jahren Fettleibigkeit und Bewegungsabstinenz endlich gelernt: Bewegung ist Leben! Meinen Körper zu spüren ist elementarer Teil meiner Existenz und meines Wohlbefindens. Ich versuche also, die allernächste Gelegenheit wahrzunehmen, um ein paar Übungen zu machen, die meinen Körper beanspruchen, um wieder eine Verbindung zu ihm herzustellen.

Ich gehe atmen. Klingt esoterisch. Hilft aber. Am besten in einen Park, ans Wasser. Tiere beobachten, mich fragen, mit welchen Problemen die sich so rumschlagen müssen.

Ich vergleiche mich nicht! Jeder hat sein Päckchen zu tragen. Wenn andere erfolgreicher, beliebter, reicher, schöner oder was auch immer sind, dann ist das die Summe aller Ereignisse, die einem Menschen widerfahren sind. Ich bin ich und genau so bin ich richtig. Natürlich habe ich Fehler gemacht in meinem Leben, aber alles hatte letztlich irgendwie einen Sinn. Manche Lektion muss schmerzhaft sein, um zu wirken. Manche auch nicht. Niemand hat gesagt, dass das Leben fair ist. Mich so anzunehmen, wie ich bin, ist nicht immer einfach, aber das, was wir zum Beispiel in den sozialen Medien von anderen sehen und vielleicht als Maßstab für unser Leben nehmen, ist nicht die Realität.

MEIN LEBEN IST KEINE INSTA-STORY!

Ich werde mir meiner Verantwortung bewusst! Ich habe die Verantwortung nicht nur für mein Leben, sondern auch für meine Familie, für die Menschen in meinem Umfeld. Mein Verhalten beeinflusst andere und andere mich. Ich habe eine Aufgabe auf diesem Planeten, der ich nachkommen muss. Nicht immer sind wir uns dieser Aufgabe bewusst, aber man muss sich immer vor Augen halten, dass die

Welt ohne uns anders wäre.

Ich mache mir bewusst, wie privilegiert mein Leben ist! Ich habe ein Dach über dem Kopf, fließendes Warmwasser, genug zu essen und zu trinken, eine Familie ohne lebensbedrohliche Krankheiten und muss nicht inmitten eines Krieges leben. Damit habe ich das große Privileg, besser zu leben als neunundneunzig Prozent der Menschheit, die jemals gelebt hat. Dieses Leben führen zu dürfen, macht mich demütig.

Dankbarkeit ist somit einer der großen Begriffe, die mich glücklich machen. Dankbar für das Leben, das ich führen darf und beeinflussen kann. Oftmals erfordert eine große Veränderung viel Mut. Aber Mut lohnt sich. Jammern ändert nichts. Jammern lehrt das Gehirn, das Schlechte zu sehen und mit Textmarker zu markieren. Jammern macht unglücklich! Trainiere dein Gehirn wie einen Muskel, der das Positive sieht. Und lass es auch zu! Dann wirst du ganz automatisch glücklicher!

von Tetje Mierendorf
Schauspieler, Musical-Artist,
Speaker

AUF DIE FRESSE HAUEN

Keine Sorge, an dieser Stelle kippt dieses sowieso schon klapprige Konstrukt eines wissen-vermitteln-wollenden Sachbuches nicht. Oder nur vielleicht nicht.

Auf die Fresse hauen ... Es tut mir leid, falls ich Sie in Ihren Grundfesten erschüttere – aber es gab Jahre in meinem Leben, da war dies nicht nur theoretisch eine meiner Durchhalte-Methoden. Jung, bunt gefärbte Haare, angefüllt mit Wut und Frust, mit Hass auf „die da oben" und marodierende Nazi-Horden, die sich in den Folgejahren der Wen-de in meinem Ostberliner Kiez nicht nur zu Hause, sondern viel zu oft viel zu sicher fühlten.

Ich habe alte Jeans-Hosen gefunden, in deren Arschtasche sich der Abdruck meines „Totschlägers" durch den Stoff gefressen hatte. Es waren Zeiten, in denen mir jeder Tag wie ein Kampf vorkam. Aufstehen bedeutete, sich in die nächste Schlacht zu begeben. Die oder wir. Und wenn nicht ich, wer dann? Es gab nicht viele, die sich gewehrt haben. Und ja, ich benutze diesen Ausdruck, weil wir eigentlich nie in der Überzahl, geschweige denn körperlich überlegen waren. Und dieses „auf die Fresse hauen" war eher die Mischung aus einer geschrienen Parole, dem Refrain eines kreischenden Punk-Songs und dem Wunsch meiner erblühenden Phantasie.

Es kam dazu, aber weniger häufig als Sie vielleicht denken mögen. Meistens war ich es, der auf die Fresse bekam.

Warum ich das hier trotzdem aufzähle? Weil die in mir abgespeicherte Intensität dieses Gefühl, einen unglaublichen Wumms hatte und wirklich sowas wie ein Patentrezept der damaligen Zeit war. Wir hatten immer noch dieses Gefühl. Es hat uns getragen. So sehr es uns auch kaputt machte. Ich bin mir sicher, dass diese Wut heutige Teenager-Generationen ebenso umtreibt. Vermutlich noch mit einer gehörigen Portion Pers-

pektivlosigkeit und Angst. Niemand klebt sich freiwillig oder aus Langeweile an der Straße fest oder lässt sich inhaftieren für die Idee, dass sich was ändern muss. Auf die Fresse hauen steht nicht für das Tun, sondern für die Kraft der Überzeugung, etwas tun zu müssen, egal wie UNrealistisch es ist.

Ich fand später den Ausweg darüber, das Unaussprechliche in Worte zu packen. Sprache statt Schläge. Aber vielleicht merkt man meiner Herkunft dann eben doch ab und an dieses Roughe und Derbe an.

So sei es. **DURCHHALTEN IST AUCH LERNEN, WAS SINN MACHT UND WAS NICHT. UND DURCHHALTEN HEISST NEUE WEGE FINDEN.** Sonst wird man nicht alt!

KONZENTRIERE DICH NICHT ZU SEHR AUFS DURCHHALTEN!

Ich habe hunderte Ratgeber zum Thema Motivation und Dranbleiben gelesen, und weltweit an Seminaren bei den Top-Experten zum Thema Durchhalten teilgenommen. Kein Zitat dazu, dass ich nicht schon auf Zetteln verewigt und gelebt habe. Ich bin Marathons gelaufen, habe zweimal den Krebs besiegt, zwei Kinder großgezogen und bin seit 40 Jahren selbstständig. Ich weiß, wie das geht: „Durchhalten".
Meine Quintessenz, mein ultimativer Tipp?

„Konzentriere dich nicht zu sehr aufs Durchhalten!"
Macht alles Sinn, was es dazu zu lernen gibt, Techniken können durchaus hilfreich sein, wenn das Ziel, dass du erreichen willst, dein eigenes ist. Aber es besteht die große Gefahr, das dieses „Durchhalten um jeden Preis" zum „Aushalten" wird.

Was ist mit der Zeit vom Jetzt bis zum Ziel? Die Woche durchhalten, bis endlich das Wochenende kommt? Durchhalten, bis die Kinder groß und aus dem Haus sind? Nur noch 25 Jahre schuften, halt durch, die Rente winkt? Nimm das Durchhalten nicht so wichtig. Schwere Zeiten, lange Wege, große Ziele: Gehe Schritt für Schritt. Genieße und lebe den Augenblick. Natürlich gilt es, das Ziel nicht aus den Augen zu verlieren, aber das Heute, das Hier und Jetzt ist es, was zählt. Mache den Weg zu deinem Ziel, dann wirst du nie das Gefühl haben, durchhalten zu müssen. Gehe konsequent deinen Weg, jeden Schritt bewusst und mit Freude, ohne immer die ganze Strecke vor Augen zu haben. Dann wird es gut und du kommst sicher an. Schneller, als du dir je erträumt hast. Abzweigungen und Umwege inbegriffen.

So hast du am Ende nicht nur „aus- und durchgehalten",
sondern dich und deine Welt erlebt. Jeden Tag!

von Hergen von Huchting
Paartherapeut und Speaker, Experte für gelingende Beziehungen

DURCHHALTEN ROBUST

Durchhalten (dt.) die Fähigkeit nachweisen, Widrigkeiten zu erdulden, oder anders ausgedrückt: Scheiße nochmal gefälligst weiterzumachen, auch wenn die Sonne nicht über den ganzen Himmel strahlt. Es ist also das genaue Gegenteil von hinhocken und heulen und sich selbst zu bedauern und festzustellen, wie schlimm doch alles ist. Wie hält man durch?

ERSTENS: Tue Gutes! Hilf anderen, durchzuhalten. Du wirst erstaunt sein, wie viel Kraft du noch übrig hast, wenn deine eigenen Problemchen geklärt sind. Und du wirst noch mehr erstaunt sein, wie viel Kraft du daraus ziehst, anderen zu helfen. Wissenschaftlich erwiesen ist wohl die Tatsache, dass Geben mindestens genauso glücklich macht wie Nehmen. Das hat irgendwas mit dem Hormonhaushalt zu tun, aber Fakt ist: What goes around, comes around.

ZWEITENS: Lächeln! Nimm es nicht so tragisch, egal was; es könnte schlimmer sein. Besser noch: Lach den Problemen laut ins Gesicht. Lachen ist die Antwort auf allen Wahnsinn dieser Welt.

DRITTENS: Lies! Am besten die Passage mit Jacob, der mit dem Engel ringt, die Geschichte der Dreihundert im Herodot, Hagen und Volker vor dem Saal im Nibelungenlied, Defoes Robinson Crusoe ..., die Liste lässt sich beliebig erweitern.

VIERTENS: Übe! ... dich in Trotz, Bockigkeit und in „an Stumpfsinn grenzendem Durchhaltevermögen". Das macht dich zwar nicht beliebt, streckt aber das eigene Rückgrat. Das kann man lernen.

FÜNFTENS: Kämpfe! Geh boxen, ringen, trainiere Judo oder MMA ... irgendwas. Dabei lernst du auszuteilen; aber was noch wichtiger ist: einzustecken, sich zu schütteln und wieder aufzustehen. Der Kämpfer zeichnet sich vor allem dadurch aus, dass er in der Lage ist, wieder aufzustehen. Wenn die Sonne scheint, kann jeder ...

von Michael „Gonzo" Behrendt
Kampfsportler, Trainer

ANNEHMEN

Nehmen wir mal an … Nehmen wir mal an, Sie wären
der Annahme, dass es ums Annehmen geht.
Tut es aber nicht. Es geht um Annahmen.
Darum, was man meint, zu wissen glaubt, befürchtet.
Annahmen sind Angebote. Annahmen sind aber auch viel zu oft
Sackgassen in die verwinkeltsten Ecken unserer Ängste.
Denn wir bauen unsere Realität aus dem Zeug,
das sich in unseren Handlungsschubladen angesammelt hat.
Annahmen sind aber mehr als das Reproduzieren gelernter
Modelle.
Nehmen Sie doch nur mal an, Ihre bisherigen Annahmen wären
Miniaturvarianten dessen, was Sie eigentlich in der Lage sind
zu konstruieren.
Ich liebe Annahmen, wenn ich in der Lage bin, grenzenlos zu
denken, und nicht von Ängsten geschüttelt bin.
Dieses Buch war mal eine Annahme. Eine Idee …
Jetzt ist es echt.
VERRÜCKT, ODER?

HOLZ HACKEN

Nein, dazu braucht man nicht zwingend einen Ofen.

Nur Holz, zwei Hände – und eine Axt.

Kaum etwas beansprucht einen menschlichen Körper komplexer als das Hacken von Holz.

Und kaum etwas streichelt eine potenziell geschundene Seele besser, als das befriedigende Gefühl, einen Stapel Holz in verfeuerbare Scheite zu verwandeln.

Holz hacken ist Power-Yoga und die archaische Variante des Meditierens.

Der sich aus dem Prozess ergebende Mehrwert ist einfach noch on top. Obwohl ich ja am allerliebsten Bäume pflanze, ist auch das Fällen und Verarbeiten zum Zwecke der Wärmeerzeugung eines meiner absoluten Super-Tools.

Sie haben besagten Ofen nicht? Dann laden Sie sich in irgendeinen Garten oder zu einem Hofbesitzer ein. Dort wird es immer eine Stelle geben, an der ungeschlagenes, noch nicht aufgeschichtetes oder zu sägendes Brennholz liegt.

> *Holen Sie sich Ihre Stunde Seelen-Workout. Die archaische Variante des Meditierens. Es hilft. Versprochen.*

AUSMISTEN

JUHU, NOCH EIN TIPP MIT A. Aber damit hat es sich auch schon mit eventuellen Gemeinsamkeiten zwischen **ANNEHMEN** und **AUSMISTEN**.

Denn ironischerweise sind diese beiden Tipps sowas wie gegensätzliche Zwillinge. Ausmisten ist eben genau nicht annehmen.

Welch unfassbare Befriedigung es hat, eine jahrelang nicht beachtete „Kramschublade" zu nehmen, sie komplett auf dem Boden auszukippen, damit im wahrsten Sinne des Wortes ans Licht zu holen und mit unverklärtem Blick den Inhalt zu betrachten.

Also, in unserem Haus gibt es grob über den Daumen gepeilt – etwa dreißig Schubladen, Kisten, Taschen oder Ecken, in denen so unsortiertes Zeug vor sich hin vergessen wurde.

Letztens habe ich mein Outdoor-Equipment (*Sie erinnern sich: draußen schlafen, Feuer machen und so*) mal auf Herz und Nieren überprüft. Ich habe Kistenböden ausgewischt, Schlafsäcke entfusselt und in die richtigen Hüllen gestopft, verschiedenste Erste-Hilfe-Päckchen zu einem geschrumpft, Tüten mit Zunder wie Birkenrinde, in Wachs getauchte Watte-Pads oder diverse Schnitzausrüstung auf ein Minimum reduziert und am Ende aus vier großen Kartons, Körben und Kisten zwei perfekt übereinander zu stapelnde Behältnisse gemacht. Das war das pure Glück, denn neben dem eigentlichen Aufräumen ging es vor allem darum zu verstehen, was man eigentlich hat. Und wo!

Ich wünschte, ich könnte diesen Prozess für mein Gehirn wiederholen. Da mir dies, zumindest aktuell, nicht so einfach möglich ist, werde ich wohl eine mit Sicherheit mal wiederkommende schlaflose Nacht damit zubringen, mich einer anderen Kramecke anzunehmen. Btw, bereits beim Entsorgen der zwei großen Tüten mit dem aussortierten Zeug hatte ich bereits vergessen, was sich darin befand. Im Prinzip war es ein bisschen, wie die Dreckkruste vom Bordstein zur kleinen Freiheit mit dem Kärcher zu reinigen. Nicht zwingend nötig, aber gut.

REISE PLANEN

NEIN, ABHAUEN IST KEINE LÖSUNG. Es sei denn, Sie werden wegen eines Verbrechens gesucht oder schlimmer noch: grundlos deswegen beschuldigt. Dennoch verbeiße ich mich gern ab und an in die Vorstellung, wie es wäre, in einen wodurch auch immer auf dem Radar aufgetauchten Sehnsuchtsort zu reisen.

Ich muss zugeben, die letzten vier Jahre war ich – außer mal auf einem Kopenhagenbesuch und zwei Wochen in Schweden zum Kajakfahren – viel zu sehr mit Haus und Hof (*und diesem Buch!*) beschäftigt, als dass an Reisen zu denken gewesen wär. Aber: Es ist ja nicht zu spät.

Es gab eine Zeit, da reisten wir mit dem Wohnmobil, viel und auch spontan. Das war so konträr zu ewigen Planungen und dem Suchten nach der Ferne. Die ist nun häufiger mal wieder da. Und ich finde, es ist ein guter Durchhaltetipp, diesem Gefühl nachzugeben. Wir reden hier nicht von den Rahmenbedingungen: ist das Geld da, hat man die Zeit, wollen alle das Gleiche etc. Es geht um die Sehnsucht davor, das mit dem Finger über die Landkarte Fahren und das Land der Träume Verorten, es geht um das Konsumieren von Reise-Dokus, dem Stöbern nach Utensilien im Outdoorgeschäft und dem Sammeln von Prospekten aus dem Reisebüro …

Fühlen Sie das? Da springt doch was über, oder?

Als eindeutiger Verfechter von „Es gibt nichts Gutes, außer man tut es!" will ich klarmachen, dass es natürlich nicht darum geht, vor allem in einem ungesunden Level von Schmerz und „Das wird nie klappen!" zu verharren bzw. sich dort hinein zu sehnsuchten.

> *Ein Vorspiel darf ruhig länger sein, sich ausmären und mit einer gewissen Form von Genuss, Ruhe, Vertrauen, Gelassenheit einhergehen. Durchhalten durch weitermachen … Let's do it!*

VERÄNDERN ODER VERBESSERN STATT DURCHHALTEN

Ich versuche, nach Möglichkeit jede Situation zu vermeiden, in der ein „Durchhalten" überhaupt nötig wird. Zum Beispiel hatte ich schon als Kind überhaupt kein Interesse an jeglicher Art von Wettbewerb. Gerne ließ und lasse ich anderen den Vortritt dabei, als erster mit Seitenstechen von der Bahn zu torkeln.

Ähnlich habe ich das immer im Job gehalten: Wenn eine Beschäftigung in ein „Durchhalten" ausartete, war das ein untrügliches Zeichen dafür, dass hier irgendwas nicht stimmte. Also versuchte ich so konsequent wie möglich, alles zu verändern oder zu verbessern, was veränder- oder verbesserbar war – so lange, bis das Gefühl, etwas „durchhalten" zu müssen, wieder auf ein erträgliches Maß im Nachkommabereich geschrumpft war.

Natürlich gibt es Situationen, in denen ich keine andere Wahl habe, als etwas bis zum Ende durchzustehen. Hier hilft mir tatsächlich die Erkenntnis, dass es überhaupt ein Ende gibt.

Ich empfinde es auch als tröstlich, danach das Wissen zu haben, wie es überhaupt zum Durchhaltenmüssen kam und wie man das beim nächsten Mal eben doch vermeiden könnte.

ICH BIN GRUNDSÄTZLICH ZU SEHR GROSSEN VERÄNDERUNGEN BEREIT, UM DAS TÄGLICHE LEBEN NICHT IN EIN „DURCHHALTEN" ABSACKEN ZU LASSEN.

Als besonders nervig empfinde ich es daher, wenn meine eigene Gestaltungsmöglichkeit massiv eingeschränkt ist und ich kaum etwas anderes tun kann, als mich auf andere Menschen zu verlassen. Ein Beispiel wäre die freiwillige Verwendung von FFP2-Masken aus Rücksicht auf besonders gefährdete Menschen.

Hier kann ich zwar selbst eine Maske tragen, aber wenn um mich herum die Ignoranz größer als die Rücksicht ist, bleibt mir nichts anderes übrig als … durchzuhalten. Und da ich ansonsten jegliche Durchhaltungsnot meide, hab ich dafür dann wenigstens genug Durchhaltereserven.

von Tommy Krappweis
Kreativling, Vater von "Bernd das Brot",
Lieblingsbayer der Autors

AUSWANDERN

Ja klar, Auswandern kann auch ein Weglaufen sein.
Und ein bisschen war es das auch, als wir uns 2018 dafür
entschieden haben. Aber nur ein bisschen. Vor allem war es
das Bedürfnis nach einem Neuanfang, nach einem Perspektiv-
Wechsel, nach einem Verlassen der Komfortzone – denn an
deren Ende beginnt ja bekanntermaßen das Leben.
Und es war gleichermaßen ein Weitermachen und ein
Durchhalten. Es war eben deshalb ein Durchhalten, weil sich das
alte Leben teilweise nicht mehr aushaltbar anfühlte.
Und aufgeben war eben keine Option.
Allein die Planung diesbezüglich, das Angehen der damit
verbundenen Herausforderungen, das Konfrontieren mit all den
sich daraus ergebenden Ängsten und Unsicherheiten war ein
Durchhalten mit Glasur.
Ich will hiermit nicht behaupten, dass Auswandern die Lösung für
Probleme ist, die man an (s)einem (angestammten) Ort hat, aber
das Erweitern des Horizonts und vor allem das Verlassen alter und
eingefahrener Strukturen bringt viel mehr als so manche
abgefressene Durchhalteparole.

LO♥E IT, LEAVE IT, CHANGE IT!

Dieser Tipp ist so simpel wie genial, denn für wirklich fast alle Probleme gibt es eine dieser drei Lösungen.
LIEBE ES. VERLASSE ES. ÄNDERE ES.
Was soll man darüber noch viele Worte verlieren?

DANKE

ICH DANKE ALLEN AN DIESEM PROJEKT BETEILIGTEN MENSCHEN:

Anita Neumann, Coach, Mentorin und Wegbegleiterin
für gelebte und verkörperte Weiblichkeit, Ritualarbeit und Retreats

Anja Goerz, Autorin, Moderatorin, Podcasterin

Annette Frier, Schauspielerin, Regisseurin, Freundin von Kai

Chris Gust, Künstlerin, Autorin, Soul.care.coachin,
Mental-Health-Aktivistin, Vollherzmama3, Mensch

Claudia Maria Melisch, Archäologin, Autorin, unterirdisch Aktive

Deborah Ruggieri, Trainerin, Coach, Dozentin & Moderatorin
aka Divaphoenixart Künstlerin

Gordon Boerger, Musiker, Plattenlabel-Mitarbeiter,
Crew-Member von Moderat & Modeselektor

Hergen von Huchting, Paartherapeut und Speaker,
Experte für gelingende Beziehungen

HOAXILLA PODCAST, Alexa Waschkau, Kulturwissenschaftlerin,
und Alexander Waschkau, Diplompsychologe

Ingmar Stadelmann, Comedian, Moderator, Inselbesitzer

Janine Baumeister, Filmproduzentin, Foto-Künstlerin,
NGO-Volunteer

Jördis Triebel, Schauspielerin

Julia Gámez Martín, Comedienne, Sängerin und Schauspielerin

Julia Gommel-Baharov, Lektorin, Programmleiterin, Pilzsammlerin

Kerstin Grünert, Kindermarken-Expertin, Familienmensch,
Gartenliebhaberin

Marco Fechner, Vater von zwei Kindern, Ehemann, Berlin-Pankower, gelernter Verwaltungsfachangestellter, Fotograf, Podcaster, Mützenträger und glücklicher Inhaber eines Berliner Dialekts.

Marco Göllner, Schreibender Hörer, Tausendsassa und Tore-Bauer

Markus Langer, ehemals Oetinger Media, jetzt CEO bei Tonies

Matthias Schlesinger, Schlesinger Events

Maurice „Mo" Wollny, Trainer für Gracie-/Brazilian Jiu-Jitsu, Selbstschutz und Selbstverteidigung im Panda Gym Berlin

Max Blume, Outdoor-Spezialist, YouTuber, Camouflage-Philosoph

Michael „Gonzo" Behrendt, Kampfsportler, Trainer, Kampfsportschule Köpenick/Trigoon e.V.

Michael Haensch, Arzt, systemischer Therapeut, Menschenkenner

Michael Koch-Elefant, mittelguter Durchhalter, Vater, Ehemann, Sohn und Freund

Prof. Dr. Jan Boelmann, Literatur- und Mediendidaktiker

Romano. Musiker, Entertainer

Stumpen, Sänger von Knorkator, Deutschlands meiste Band der Welt

Susan Schädlich, Journalistin, Autorin, Wissensvermittlerin

Tetje Mierendorf, Schauspieler, Musical-Artist, Speaker

Thilo Schmid, Inselbauer, Liebender, Verleger, Dichter

Tobias b.deutung Unterberg, Komponist, Cellist, Mensch

Tommy Krappweis, Kreativling, Vater von Bernd das Brot und Lieblings-Bayer des Autors

Wiebke Rauers, Illustratorin